LOCUS

LOCUS

LOCUS

LOCUS

mark

這個系列標記的是一些人、一些事件與活動。

mark 133

森林裡的陌生人：

獨居山林二十七年的最後隱士

作者：麥可·芬克爾（Michael Finkel）

譯者：謝佩妏

責任編輯：潘乃慧

封面設計：三人制創

校對：呂佳真

地圖繪製：Kristine Ellingsen

出版者：大塊文化出版股份有限公司

www.locuspublishing.com

台北市10550南京東路四段25號11樓

讀者服務專線：0800-006689

TEL：(02) 87123898　FAX：(02)87123897

郵撥帳號：18955675

戶名：大塊文化出版股份有限公司

法律顧問：董安丹律師、顧慕堯律師

A portion of this work was adapted from

"The Strange and Curious Tale of the Last True Hermit,"

originally published in *GQ* magazine (August 4, 2014)

總經銷：大和書報圖書股份有限公司

地址：新北市新莊區五工五路2號

TEL：(02) 89902588　FAX：(02) 22901658

初版一刷：2017年8月

定價：新台幣300元

Printed in Taiwan

森林裡的
陌生人

The Stranger in the Woods

The Extraordinary Story of the Last True Hermit

Michael Finkel
麥可・芬克爾——著
謝佩妏 譯

謹以此書紀念艾琳・米爾娜・貝克・芬克爾（Eileen Myrna Baker Finkel）

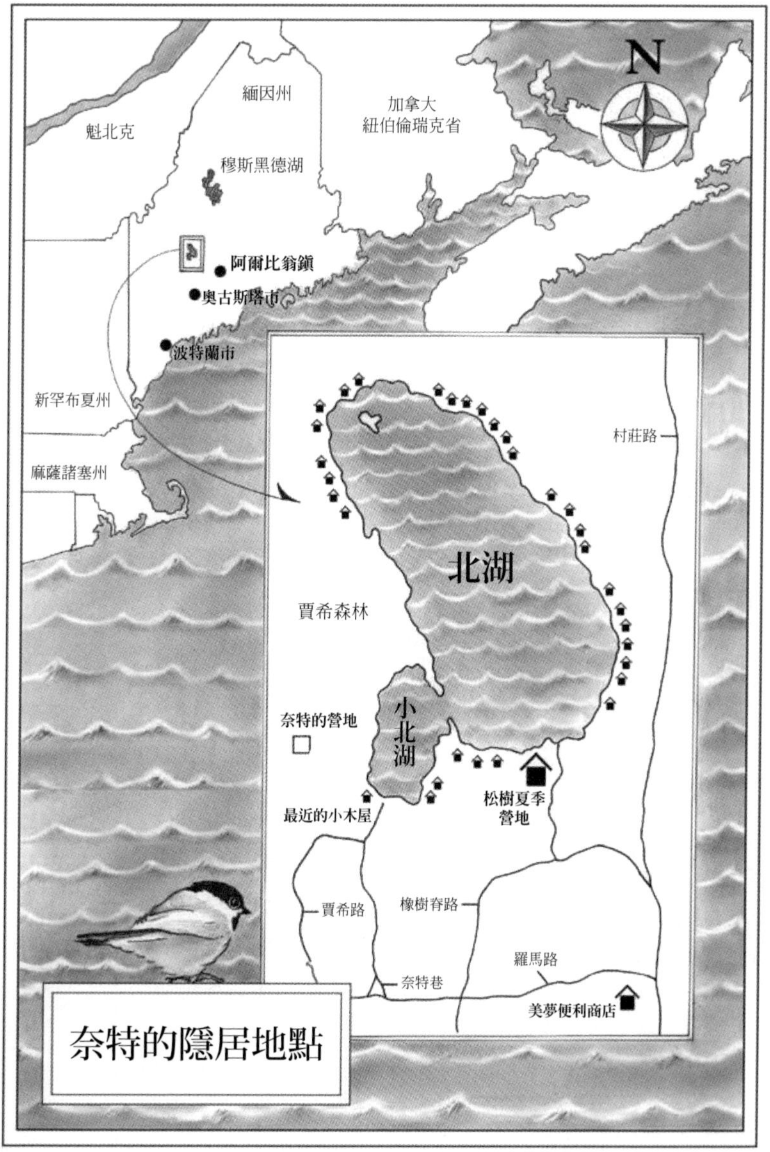
N
魁北克
緬因州
加拿大
紐伯倫瑞克省
穆斯黑德湖
阿爾比翁鎮
奧古斯塔市
波特蘭市
新罕布夏州
麻薩諸塞州
村莊路
北湖
賈希森林
小北湖
奈特的營地
最近的小木屋
松樹夏季營地
賈希路
橡樹脊路
羅馬路
奈特巷
美夢便利商店
奈特的隱居地點

奈特的營地

世上我不想要的事物何其多！

——蘇格拉底，西元前約四二五年

1

隱士住的地方四面都是樹。樹木多半細瘦，枝葉在巨岩上交織纏繞，枯枝像竹筷散落一地。因為沒有小路可通，所以要找到這裡，誰都難免跌跌撞撞，掃到枝幹，弄得渾身是傷。而且天色一暗，找起路更是難上加難。

然而，隱士就在這個時候行動。一直等到午夜，他才揹起背包和工具包，從他住的帳篷出發。小手電筒夾在頸鍊上，但現在還用不上。腳下邁出的每個步伐，他都滾瓜爛熟。

在林中穿梭時，他動作優雅而精準，一下扭身，一下跨步，行進間極少弄斷樹枝。地上仍有積雪，隨處形成髒兮兮的坑坑窪窪，還有片片泥濘，但他都一一避開。這裡是緬因州中部，時值春天。隱士在石頭和樹根之間跳躍，完全沒在地上留下靴印。

他擔心只要留下足跡，就可能洩漏行蹤。隱匿行蹤表示人在明、你在暗，一個閃失就完了。如果你真的想隱身，就不能留下足跡，一次都不行，風險太高。因此現在他才會像幽靈一般，在鐵杉、楓樹、白樺和榆樹之間穿梭，直到抵達一座冰凍湖泊的岩岸。

這座湖名為「小湖」，當地人稱「小北湖」，但隱士並不知道。他已經把世界簡化到只剩基本元素，而專有名詞不在此類。季節的細微變化他了然於胸，月亮圓缺也是。今晚是下弦月，比半月還細。通常他會等到新月再行動，月色愈暗愈好，但飢餓逼得他不得不出門。他知道現在幾點幾分。他戴著老式發條手錶，以確保自己預留足夠時間在天亮前回到帳篷。不過，他不知道今年是何年何月，除非從頭細數。

他原本打算橫越冰凍的湖面，但很快就作罷。今天白天天氣暖和，高過冰點幾度（他也知道溫度），還待在帳篷的時候，天氣就對他愈來愈不利。走在堅硬的冰凍湖面上，可以完全不留下腳印，但今天這種硬度絕對不行，鞋子會在湖面印下足跡。

所以只能繞遠路，折回林子，繼續在樹幹和岩石間跳躍。這個「跳房子」遊戲他可以持續好幾哩，繞小北湖一周，甚至一路延伸到北湖盡頭。沿途經過十幾棟小屋，這些樸素的度假小木屋沒有上漆，而且因為還不到度假季節，所以都門窗緊閉。他闖進過不少間小屋，但不是現在。他又繼續走了將近一小時，一路上仍盡量避免留下足跡、弄斷樹枝。有些樹根經他重複踩踏，變得光滑無比。追蹤他的人即使知道這點，也拿他沒轍。

他的目的地是「松樹」夏季營地。他在抵達目的地之前停下腳步。雖然營地尚未開放，但仍有維修人員前來，他們大概會在廚房留點食物，上一季的東西說不定也還有剩。他躲在森林的陰影下觀察營地，視線掃過宿舍、工具間、交誼廳和餐廳。空無一人。一如往常，停車場上有兩輛車。儘管如此，他還是靜待片刻，小心點沒壞處。

他準備好了，終於到了行動的時刻。營地四周裝設了自動感應燈和照相機，主要都是為他而設的，但在他看來都像笑話。這些儀器的偵測範圍全是固定的，只要摸清角度就能避開。隱士左拐右彎越過營地，最後在一顆石頭前停住。他把石頭翻過來，抓起藏在底下的鑰匙，塞進口袋以備待會使用。接著，他爬上坡到停車場，試開每輛車的車門。有輛福特小貨車沒鎖。他轉開手電筒，探頭往車裡看。

糖果！永遠不嫌多。有十條巧克力糖丟在杯架上。他把糖塞進另一邊口袋。除了糖果，他還拿了一件未拆封的雨衣，還有一只銀色的指針式電子錶。不是什麼昂貴名錶，如果看起來很值錢，隱士就不會拿。他自有一套道德標準。但多備幾支手錶很重要，餐風宿露的生活，東西難免故障。

他又避開幾部自動感應相機，溜向餐廳後門，在這裡放下裝了撬門工具的帆布運動袋，打開拉鍊。裡頭有兩把抹刀、一把刮漆刀、一組萬用工具刀、幾把一字形長版螺絲起子，還有三支備用手電筒等等。這扇門他很熟。拜他之賜，門上已有輕微磨損和凹痕。他選了一把螺絲起子，卡進門把旁介於門與門框之間的縫隙，手熟練地一轉，門喀的一聲彈開。他一閃而入。

他打開手電筒，用嘴巴咬著。這裡是營地的大廚房，手電筒燈光在不鏽鋼廚具上一閃一閃，一排仍在沉睡的長杓掛在天花板上。右轉走五步即是食品儲藏室。他放下背包，眼睛掃了一圈金屬架，伸手抓起兩罐咖啡丟進背包。還有一些義大利餃、一包棉花糖、一條燕麥棒、一包洋芋片。

他真正的目標在廚房另一頭，現在正往目標前進。他拿出剛剛從石頭底下拾起的那把鑰匙，插進大冰櫃門上的握把。鑰匙串掛在四葉幸運草圖案的塑膠鑰匙圈上，其中一葉已經斷了一小片。三點五葉的幸運草，或許還是能帶來好運。門開了，他走進冰櫃。今晚的辛苦跋涉和小心翼翼，突然間全都值得了！

他餓壞了，身體已經瀕臨極限。帳篷裡的存糧只剩下幾片餅乾、一些咖啡粉和幾包代糖，沒了。再等下去，他就可能虛弱到爬不出帳篷。他用手電筒去照一盒盒漢堡排、一塊塊起司、一包包香腸和培根，感覺到心跳加速，腸胃翻騰。接著，他趕緊把食物塞進背包，這些足以湊成一桌小菜。

2

泰瑞·休斯（Terry Hughes）的太太用手肘推他，把他叫醒。一聽到嗶嗶聲，他像鬆開的彈簧立刻跳下床，開始行動！他匆匆瞄一眼監視器就飛快下樓，一切都已就位：手槍、手電筒、手機、手銬、運動鞋。勤務腰帶。腰帶呢？沒時間了，算了，不管它。他跳上貨車出發。

右轉上橡樹脊路，開個半哩左轉，沿著長長的馬路加速往松樹營地前進。他沒開車頭燈，但卡車還是很吵，所以他把車丟在停車場就跳下車，改用走的。他盡可能加快速度，身體卻不像平常那麼靈活，而缺了執勤腰帶，表示他手上一堆裝備。

儘管如此，他還是全速奔向餐廳，跳過岩石，躲開樹枝，然後快速蹲在一扇對外窗底下，心跳快得有如蜂鳥的翅膀。從他的床到這扇窗，剛剛好四分鐘。

休斯深呼吸一口氣，才小心地抬起頭往窗裡探，瞇著眼睛看進陰暗的營地廚房。他看到了！有個人拿著手電筒，微弱的光束從敞開的大冰櫃發散出來。經過那麼多年，真的可能是他嗎？一定是。休斯還穿著睡褲，他拍拍夾在褲頭上的手槍皮套加以確認——有了，武器還在，一把點三五七的克拉克手槍。上了子彈，沒扣保險栓。

屋裡的光束一亮，休斯整個人繃緊，只見冰櫃裡走出一個人，手裡抓著背包。跟休斯想像的不太一樣。這個人塊頭比較大，而且比較乾淨，鬍子才剛刮過。他戴著書呆子型的大眼鏡和羊毛滑雪帽，在廚房裡晃來晃去，像在逛雜貨店一樣神色自若。

休斯任由自己自我陶醉片刻。執法時很少有這樣的「完美時刻」，休斯警官再清楚不過。他在緬因州擔任狩獵監督官已有十八年，在這之前，他在美國海軍陸戰隊待了將近十年。處理苦差事、爛攤子和繁瑣的文書工作，對他都是家常便飯，但偶爾也會碰到好事。這種時候，從挫折中淬鍊出的智慧終於開花結果。

幾個禮拜前，休斯就下定決心要讓隱士舉手投降。他知道一般追捕方式可能都無效。經過二十五年來斷斷續續的調查，徒步搜索、空中搜索、指紋採集都試過了，分別由四個不同的執法單位進行，包括兩個郡警單位、一個州警單位和一個狩獵監督單位，卻還是連隱士的身分都查不到。於是，休斯求助於高科技監視儀器的專家，還跟私家偵探一同腦力激盪，也跟軍中好友交換意見，但他們提出的看法好像都少了什麼。

後來，他打電話給在朗吉利（Rangeley，鄰近緬因州與魁北克邊境）的邊境巡邏隊工作的熟人。其中有個人剛受訓回來，從訓練營中得知美國國土安全部新引進的監視器。這種新儀器可以更有效地追蹤偷渡客。朋友告訴他，這種新科技受到嚴密的管控，狩獵監督官根本用不著這麼精密的儀器，但這聽起來正是他需要的東西。休斯發誓守口如瓶，沒多久，就有三名邊境巡邏員來到松樹營地的廚房安裝儀器。

他們把一個感應器藏在製冰器後方，另一個裝在果汁機上。接收器則安裝在休斯家的最高樓層，這樣警鈴一響，全屋子都聽得見。休斯也努力學會這套監視系統，直到操作起來有如直覺般自然。

但這樣還不夠。想要逮到隱士，不容許出半點差錯。只要他接近時發出一點聲音或手電筒不小心一閃，所有努力都會白費。他牢牢記住自動感應燈的位置，找出停他那輛貨車的最佳地點，反覆演練從他家到營地的每個動作，每次練習都把時間縮得更短。他把擺好裝備變成晚上的固定習慣；忘掉執勤腰帶只證明他畢竟是個凡人，之後只剩下等待。等了兩星期之後，嗶嗶聲在凌晨一點過後響起，先聽到聲音的是他太太。

所有這一切，再加上運氣，才能促成這個完美的執法時刻。休斯從窗外看著竊賊有條不紊地把背包塞滿。這裡毫無灰色地帶；證據確鑿，而且他當場目擊。犯案地點就在松樹營地。這片營地服務的對象是身體及發展性障礙的兒童和成人，屬於非營利組織，靠捐款維持營運。休斯也是這裡的長期義工，有時還會跟營隊成員到北湖釣魚，抓鱸魚和白鱸。什麼樣的人會一而再、再而三闖進為殘障人士設立的夏令營？

休斯躡手躡腳離開建築物，頭壓低，輕聲撥打手機。狩獵監督官通常不管竊盜案，只管非法狩獵和迷路登山客，追蹤隱士主要是他業餘的興趣。他請緬因州警調度室幫他接通一直在追捕隱士的州警黛安・汎思（Diane Vance）。他跟汎思是多年同事，同一年從各自的學校畢業，之後斷斷續續共事了將近二十年。他打算讓汎思負責逮捕人犯以及文書工作。打完電話，他又回到窗前盯梢。

休斯看見屋裡的人抓起背包甩過肩，從廚房走進寬闊而空蕩的廚房，消失在休斯的視線外。休斯猜測他不打算從一開始撬開的那扇門出去，要改走另一扇門。他直覺地繞到對方可能前進的方向。這扇對外的門跟餐廳其他門一樣都漆成櫻桃色，外圍木框則漆成綠色。此刻，休斯孤立無援，周圍一片黑暗，暴力衝突一觸即發。他必須在這複雜糾結的一刻做出困難的決定。

各種可能的發展，無論是肉搏或槍戰，他都有所準備。今年四十四歲的他，仍跟新人一樣身強體壯，留著平頭，下頷幾條細紋，平常在緬因州刑事司法學院教防身術。這次他絕不可能白白放走竊賊。逮到重犯的大好機會凌駕了各種擔憂。

休斯心想，竊賊說不定是退伍軍人，身上有武器。這傢伙的拳腳功夫說不定跟他的林中求生技能一樣了得。他在深紅色的門邊擺好姿勢，右手持槍，左手拿手電筒，背靠著牆。他靜待著，在腦中跑一遍各種可能，直到自己聽見微弱的喀一聲，看見門把轉了開。

竊賊踏出餐廳門，休斯轉開小手電筒，直接往對方的眼睛照射，同時用手槍瞄準他的鼻尖，右手靠在左手上面固定，兩隻手同時往外伸。雙方大約只隔一個人的距離，因此休斯往後跳了幾呎，免得歹徒突襲他。同時間，他嘴裡不斷凶狠地大吼著同一句話：「趴下！趴下！趴下！」

3

當黛安．汎思在漆黑夜裡開車趕往松樹營地時，滿腦子都是一件事：泰瑞．休斯有生命危險！此時此刻，他正單槍匹馬在追捕一個來無影去無蹤的怪客。她幾乎可以確定，等她趕到現場，那傢伙早就跑了。甚至更糟！他身上可能有槍，也有可能開槍，所以她才會穿上防彈背心。但她知道休斯警官沒有。

她的車經過緬因州狩獵監督隊的勤務車，那部深綠色小貨車停在營地車道旁邊。她直接把車子開向餐廳。放眼望去不見人影。她小心謹慎地走下巡邏車，大喊：「休斯警官！休斯警官！」

「一〇四六！」對方喊。這是緬因州警給「捕獲嫌犯」的代號。汎思立刻鬆了口氣。繞過轉角，她看見散落一地的食物，還有一個男人趴在地上，兩隻手反扣在後。竊賊被休斯逮個正著，慌亂之下毫無抵抗，趴在冰冷的水泥地上就範。只不過他還沒有完全「束手就擒」。他穿著厚重的禦寒夾克，休斯想給他戴上手銬，卻被他的袖子卡住。汎思趕緊衝過去，用她的手銬銬住嫌犯，這才算大功告成。

兩名警官指示嫌犯坐起來，然後扶著他站起來。他們清出他口袋裡的所有東西，包括一堆巧克力糖、一支手錶和一個幸運草鑰匙圈，再檢查他的背包和運動袋裡有沒有武器。他有可能是炸彈客、恐怖分子、殺人犯，沒人知道。但他們只找到一把萬用工具刀，上面刻了字，紀念松樹夏令營二〇〇〇年的營隊之夜。距今已經十三年。

嫌犯雖然很聽話，卻不肯回答問題，也避免跟人有眼神接觸。搜過身之後，兩名警官還是無法確認他的身分。他身上確實有個迷彩圖案、用魔鬼氈束起的錢包，但裡頭只有一疊鈔票。光看就知道年代久遠，有些都發霉了。

雖然是凌晨兩點，休斯還是打了電話給松樹營地的負責人哈維．切斯里（Harvey Chesley）。對方說會馬上趕到。休斯身上有一把可以進餐廳的萬用鑰匙。鑰匙是切斯里給他的，對方也同意他使用——只要能逮到隱士，什麼事他都願意配合。於是休斯用這把鑰匙打開門，轉開電燈，跟汎思一起將嫌犯帶回他剛剛行竊的地方。

餐廳像洞穴一樣回音繚繞，藍色的亞麻仁油地板延伸而去，巨大的雲杉橫梁撐起拱形屋頂。因為是淡季，所有桌椅都疊起來靠牆擺放。面湖的那側走廊有一排窗戶，但外面黑漆漆的，什麼都看不見。休斯和汎思拉了一把金屬椅到餐廳中間，讓嫌犯坐在紫紅色的塑膠椅墊上，雙手仍銬在背後。

兩名警官把一張摺疊桌拉到他面前。接著，汎思也坐下來，但休斯仍然站著。嫌犯還是不說話，表情茫然，很平靜。那表情令人不安。一個剛剛被捕、突然戴上手銬的人不應該這麼沉默、不為所動。休斯懷疑他是不是腦袋有問題。

他穿著看起來很新的藍色牛仔褲，灰色連帽運動衫，外面套一件很不錯的哥倫比亞外套，腳下是一雙耐穿的工作靴，看上去好像剛去賣場採購回來。他的背包也是有牌子的。全身上下只有眼鏡看起來比較古老，因為是厚重的塑膠框。整個人乾乾淨淨，下巴的鬍碴也只有薄薄一層。身上沒有明顯異味。稀疏的短髮剪得整整齊齊，雖然大部分被羊毛帽遮住。皮膚比一般人還要白晰，手腕上有幾條疤痕。身高超過一百八，肩膀寬闊，體重約八十公斤。

汎思跟很多搜捕隱士的警官一樣，一直以來都懷疑林中隱士傳說的真假，現在她更加確定沒有這號人物。眼前這傢伙不可能住在森林裡。他一定有個家，不然就是住在旅館裡，晚上才出來行竊。

營地負責人切斯里很快就抵達，此外還有營地維護員，以及另一名狩獵監督官。切斯里立刻認出警官從嫌犯口袋搜出的那支手錶。那是他兒子艾力克斯（Alex）放在營地停車場的小貨車上的手錶。錶本身不值錢，但是很有紀念價值，因為是艾力克斯的祖父送他的禮物。另外，營地維護員史帝夫．特拉威（Steve Treadwell）也表示，嫌犯戴在手上的那支錶是他的，是薩皮紙廠表揚他在斯科希甘廠服務二十五年的贈禮。

屋裡起了一陣騷動。嫌犯的沉著冷靜逐漸動搖。他還是坐在椅子上一語不發，但不久就看得出他不太舒服，手臂在顫抖。休斯靈機一動。他跟嫌犯對峙的過程驚險萬分，但汎思也許可以營造一個氣氛比較平和的環境。休斯把所有人從轉門趕進廚房，好讓汎思跟嫌犯單獨相處。

汎思先讓餐廳裡的氣氛平靜下來。在警隊服務十八年以來，她一直在追查隱士的案子。這個案子讓她既好奇又困惑。她把手銬轉了個向，好讓嫌犯把手放到前面，也坐得舒服一點。休斯送了幾瓶水和一盤餅乾進來，就又退回廚房。汎思把手銬整個解開。嫌犯喝了一口水。從他被捕到現在已經超過一個半小時。或許他知道這次逃不掉了。汎思平心靜氣地念出嫌犯的權利。他有權保持沉默。接著她問他的姓名。

「我叫克里斯多福．湯瑪斯．奈特（Christopher Thomas Knight）。」隱士說。

4

「出生日期？」

「一九六五年十二月七日。」從他嘴裡發出的聲音結結巴巴，一頓一頓，像奮力轉動的老舊引擎，每個音節都很吃力，但至少還能讓人聽懂。汎思邊聽邊寫筆記。

「年齡？」

嫌犯又安靜下來。名字和生日都是歷久不衰的記憶，只是存放在腦中的某個角落。看來不管你多麼想遺忘，也無法抹除一切。但年歲可不同了，可能忘了就忘了。因此他開始計算，甚至扳起手指來。好，現在是西元幾年？他跟汎思一起算出答案。今年是二〇一三年，四月四日星期四。所以克里斯多福．奈特是四十七歲。

「住址？」汎思接著問。

「沒有。」奈特回答。

「你的信件都寄到哪裡？」

「沒有信件。」

「你報稅單上的聯絡住址是？」

「沒有報稅單。」

「你的救助金都寄到哪裡？」

「沒有救助金。」

「你的車呢？」

「沒有車。」

「你跟誰一起住？」

「沒有人。」

「你住哪裡？」

「森林裡。」

汎思知道，現在不是確認這些話是真是假的適當時機，重要的是要讓他繼續說話。「你在森林裡住了多久？」她問。

「很久了。」他說。

汎思希望答案更明確一點。「從哪一年開始？」她繼續追問。又是年歲的問題。既然他已經決定要開口，那麼據實以告就很重要，不然只會浪費唇舌。他集中精神想一個時間，凝眸望著窗戶，外面仍然一片漆黑。有了。

「車諾比核災是幾年的事？」他問。

話一出口，他就後悔了。警官一定會以為他是個思想偏激的環保分子，但其實他只是剛好想起這則新聞。要解釋這些得費很多唇舌，對他來說太困難，所以只好算了。汎思滑了滑手機，然後說：車諾比核災是一九八六年發生的事。

「我就是那一年住進森林。」奈特說。總共是二十七年。當時他才剛高中畢業不久，如今已經是中年大叔。他說，這些年他都住在帳篷裡。

「哪裡的帳篷？」汎思問。

「森林裡，離這裡有點遠。」奈特說。他從來不知道有如他家後院的湖泊叫什麼名字，當然也不知道他在什麼鄉鎮——緬因州的羅馬鎮，人口一千零一十人。然而，他可以說出周圍林地每種樹木的名字，多半也形容得出那些樹的枝幹長什麼樣子。

「冬天你都待在哪裡？」汎思問。

他堅稱他都待在他的尼龍小帳篷裡，而且這麼多年來，從未在冬天生過火，因為煙霧可能會洩漏他的營地所在。他還說，每到秋天他都會在營地儲藏糧食，入冬之後一連五、六個月都待在帳篷裡，直到積雪逐漸融化、讓他徒步穿越森林又不會留下腳印為止。

汎思得思索片刻。緬因州的冬天漫長又嚴寒，是那種潮濕、風大、最讓人吃不消的寒冬。冬天露營一個禮拜就很了不起了，整個冬天都在野外露營根本聽都沒聽過。她說了聲抱歉，便打開雙開式旋轉門走進廚房。

其他人在廚房裡喝咖啡，透過門上的長方形大窗戶盯著奈特。汎思把奈特說的話轉述給其他人聽，沒人確定該不該相信這些話。休斯說，重點是要趁他願意說話的時候，訊問他對闖空門有何解釋。

汎思回到餐廳。出於好奇，休斯把門撐開一個小縫偷聽。他知道所有罪犯都會為自己做的壞事辯解。他們會對天發誓自己的清白，即使剛剛你才親眼目睹他們幹的好事。

「你要不要告訴我，」汎思對奈特說：「你是怎麼進來這棟屋子的？」

「我用螺絲起子撬開門。」奈特答。至於冰櫃，他說是用好幾季之前偷的鑰匙打開的，手指著那個三點五葉的幸運草鑰匙圈。鑰匙圈跟其他東西散落在他面前的桌上。

「那些錢是哪來的？」汎思問，指的是從他的皮夾裡搜出的一堆鈔票，總共有三百九十五元美金。

「這些年來我收集的。」奈特說。這裡一點，那裡一點，多半是一元鈔票，都是他闖空門時偷來的。他原本以為自己總有一天得進市區買點東西，結果一次也沒有。他說他以森林為家這些年，從沒花過半毛錢。

汎思要奈特估計他總共闖了幾次空門，不管是小木屋、民宅還是營地。沉默延長，奈特似乎正在計算。「一年四十次。」最後他說。總共持續了二十七年。

這次該汎思計算了。一年四十次，持續二十七年，總共超過一千次，確切地說是一千零八十次。每條都是重罪。幾乎可以確定是緬因州有史以來最大的竊盜案。以次數來說，說不定也是全美國、甚至全世界最大宗的竊盜案。

奈特說，他只在晚上犯案，而且事先都會再三確定沒人在家。他從不到長年有人居住的民宅行竊，因為那樣有人意外出現的機率比較高。相反地，他只鎖定避暑小木屋和松樹營地。有時小木屋沒有上鎖，有時他會撬開門窗。光是松樹營地，他就闖入過大概一百次。每次能帶多少就帶多少，但能帶的畢竟有限，所以他不得不一直回來行竊。

汎思解釋，他得繳回他偷來的所有物品，並請他指出哪些東西是他的。「所有東西都是偷來的。」他說。背包、靴子、闖空門的工具、露營地的所有物品、他全身上下的衣服，甚至內衣褲，全部都是偷來的。「我唯一可以問心無愧說是我的東西，只有我的眼鏡。」

他聲稱。

汎思問他這一帶有沒有他的親人。「這個問題我不想回答。」他說。他不知道父母是否健在，這些年他沒跟任何人聯絡。但如果他們還在，他希望他們永遠不知道他被捕的事。汎思問他為什麼，奈特說他們把他養大，不是為了讓他長大當小偷。他說他很慚愧。

奈特坦承他在緬因州中部長大，從未入伍，一九八四年從勞倫斯高中畢業。松樹營地的負責人切斯里說他太太也是勞倫斯高中畢業的，只不過小他兩屆，這所學校就在隔壁的菲爾德鎮（Fairfield），他們家說不定還留著一九八四年的畢業紀念冊。休斯請切斯里開車回家找出那本畢業紀念冊。

汎思打電話回調度室，請同事查一下奈特的個人資料。他沒有前科，從未被拘提到案，也沒被列為失蹤人口。駕照在一九八七年他生日當天就過期了。

切斯里帶著畢業紀念冊回來。海軍藍的封面上印著「八四年」幾個銀色大字。克里斯・奈特（上面如此稱呼他）的畢業照裡是個一頭深色亂髮、戴著厚框眼鏡的男孩，抱著雙臂斜倚著樹幹，身穿一件胸前有兩個口袋的藍色馬球衫。看上去身強體健，斜嘴笑的樣子有點不自然。畢業紀念冊上沒有他跟球隊、社團合照或在其他地方拍的照片。

很難確定此刻坐在松樹營地餐廳裡的男人，是否就是照片中的人。奈特說他有好多年沒看過自己的樣子了，最多只是在水中看見自己的模糊倒影。他說他住的營地沒有鏡子。

「你都怎麼刮鬍子？」汎思問他。

「不照鏡子直接刮。」奈特答。他已經不知道自己長什麼樣子。他瞇起眼睛盯著照片看，把原本推到額頭上的眼鏡放回鼻梁。

就在這一刻，休斯和汎思都認為直覺告訴他們，今晚他們聽到的一切都是真的。鏡框經過多年已然褪色，但照片中的男孩和眼前男人戴的眼鏡看起來是同一副。

再過不久天就亮了，黑夜將盡。汎思知道，奈特很快就會被層層法網包圍，說不定再也無法暢所欲言。她希望從他口中聽到一個解釋。為什麼他要拋下一切，離群索居？但奈特說他無法給她一個明確的答案。

她指著他手腕上的結痂，問：「需要吃藥或看醫生的時候，你怎麼辦？」

「我從不吃藥，也沒看過醫生。」奈特答。他說年紀愈大，身上的傷口和淤青好得愈來愈慢，但他從沒受過嚴重的傷。

「這些年你生過病嗎？」汎思問。

「沒有。」奈特說：「要跟人接觸才有可能生病。」

「你上一次跟人接觸是什麼時候？」

他說他從沒跟人有肢體上的接觸，但一九九〇年代，有一次他在林中散步時遇到一名登山客。

「你們說了什麼？」汎思問。

「我說：『嗨。』」奈特回答。除了這聲「嗨」，他堅稱這二十七年來，從來沒跟人說過話或接觸過。直到今晚。

5

有幾戶人家最先不見的是手電筒，有些是多餘的瓦斯桶、床頭櫃上的書，或是冰在冷凍庫的牛排。有間小木屋丟了一個鑄鐵煎鍋、一把水果刀和一個咖啡壺。電池一定會不見，而且常常是全部一起不見。

這種事說小不小、說大不大，說是玩笑又不夠好笑，也沒嚴重到要報警的地步，但想到還是會心裡發毛。也許是小孩拿走了手電筒。牛排你冰在冷凍庫**沒錯吧**？畢竟電視還在，電腦、相機、音響和首飾也是。門窗完整無損。要不要打電話報警，說家裡遭了小偷，你的一號電池跟史蒂芬．金的小說都不見了？算了吧。

明年春天回到小屋，你卻發現前門沒鎖或是門閂沒閂。另一種情況是，廚房流理台上的熱水水龍頭輕輕一碰就斷了，好像只是靠在上面似的。於是你檢查了流理台，還有流理台上的窗戶，竟發現窗台上有些細小的白色捲曲物，看起來像刀片削下來的碎屑。接著，你發現窗戶上的金屬鎖沒扣，鎖周圍的邊框有些微被削掉的痕跡。

天啊，有人進來過！說不定還踩在你的水龍頭上，慢慢從窗戶扭擠進來，之後又把一切恢復原樣，所以才會看起來毫無異狀。雖然還是沒丟掉什麼貴重物品，但是這次你決定報警。

警方說他們早就知道隱士的存在，也希望能盡快逮到人。整個夏天，不管在烤肉台或營火邊，你不知聽到多少次類似的故事。瓦斯桶、電池、書都是經常不見的東西，此外還有戶外溫度計、澆花的水管、雪鏟，還有一整箱海尼根啤酒。

有對夫妻在避暑季節回到小木屋時，發現上下鋪少了一張床墊。怎麼想都令人納悶。怎麼可能從窗戶把床墊拖出去？可是前門是唯一的門，而且上了閂，還加了掛鎖以備過冬。問題是他們進門時，門仍是閂上的，掛鎖好端端的，其他東西也完好無損，只有廚房窗戶被撬開了。唯一還有點可能的解釋是，小偷從窗戶溜進來，然後鬆開前門合葉的釘子，從有合葉的這一側把門扳開，將床墊從門縫推出去，再把門恢復原狀，從窗戶溜出去。

大家發現松樹營地是小偷的主要目標，簡直就是他專屬的好市多。遭竊的房子損害都很有限，小偷沒有弄破窗戶，也沒有翻箱倒櫃。他是小偷，不是破壞狂。他如果拆了門，就會花時間把門重裝回去。昂貴物品似乎吸引不了他——或是她，甚至他們，沒人知道。

有戶人家根據遭竊物品的種類稱他為「山林怪客」，但這個名字嚇壞了小孩，所以他們改稱他為「餓叔叔」。漸漸地，大多數人乾脆稱他「隱士」或「北湖隱士」，更正式一點的就稱他為「北湖神祕隱士」，包括警察在內。警局的一些報告提到了「隱士傳說」，其他一些需要列出嫌犯全名的報告，則稱他為「隱士先生」。

很多北湖居民相信隱士其實是在地人。北湖和小北湖位於緬因州中部，與夏天人擠人的海岸及其附近富裕的內陸地區隔著一段距離。沿著湖岸彎彎曲曲延伸的道路顛簸不平，多半沒鋪柏油。兩座湖繞一圈約有十二哩長，沿途零星散落的小木屋約有三百間，大部分只有溫暖的季節才有人住，少數小木屋甚至沒有接電。這裡的左鄰右舍通常互相認識，流動率也不高，有些家庭持有同一塊土地已有百年之久。

有人推測偷竊案是當地青少年所為，可能是他們的入會儀式或是純粹惡作劇。也有一些當地人猜測，犯案者可能是某個反社會的越戰老兵。另有一群人認為更有可能是松樹營地的內賊所為。此外，來自其他州的獵鹿人也很可疑。說不定是一九七〇年代犯下劫機案、至今仍未落網的逃犯。也有可能是連續殺人犯！那個老是獨自釣魚的傢伙呢？有人進去過他的小屋嗎？也許裡頭找得到你家的床墊。

某年夏天，有戶人家想到了一個點子。他們在門上綁一枝筆，附上一張手寫的字條，上面寫著：「非請勿入。請寫下你需要的東西，我們會放在門口給你。」這個作法一時蔚為流行。沒過多久，好幾間小木屋都在門上留字條。還有居民把裝了書的購物袋吊在門把上，就像要送給學校募款人的捐贈品。

字條沒人回覆，購物袋也沒人拿走。小偷繼續闖入屋內偷走睡袋、禦寒的滑雪衣、一年份的《國家地理》雜誌。還有更多的電池，連車上、船上和越野車上的厚重電池也不放過。掉了床墊的那對夫妻發現他們的背包被偷了，還因此陷入一陣恐慌，因為裡頭藏了他們的護照。後來，他們發現小偷先把護照拿出來放進衣櫥，才揹著背包溜走。

最後很多家庭決定加強小屋的防護。他們安裝了警報器、自動感應燈、更堅固的門窗，有些人為此砸了好幾千美元。附近居民因此多了「防隱士」這個新用語，一種從未有過的不信任感逐漸籠罩這個地方。原本從不鎖門的家庭開始鎖門。一對相鄰的表兄弟都懷疑對方偷了自己的瓦斯桶。很多人怪自己老把東西亂丟亂放，還半開玩笑地說他們擔心自己快要精神錯亂。有個人甚至懷疑起自己的兒子。

丟了床墊和背包的那對夫妻決定，每次出門都要確實鎖上門窗，即使只出去一個小時，就算屋裡會變得很悶也不例外。夏天接近尾聲之際，有個男人從五金行買來五十片三夾板和一把電鑽，把小屋整個封死準備過冬，而且一千根螺絲釘用到一根也不剩。

一千根螺絲釘確實有效，其他方法卻是白忙一場。其他小屋的枕頭、毯子、衛生紙、咖啡濾紙、冰桶、Game Boy 掌上型遊戲機都不翼而飛。有些家庭甚至因為頻繁遭竊，摸清了隱士的喜好：他喜歡花生醬勝過鮪魚，喜歡百威啤酒勝過百威淡啤，喜歡三角褲勝過四角褲。還有：他超愛甜食。有個小孩的萬聖節糖果被偷得一點也不剩；松樹營地少了一大桶軟糖。

湖邊度假旺季剛開始，也就是五月底的陣亡將士紀念日前，通常會有一波行竊高峰，再來九月初勞動節過後又有另一波。除此之外，他通常在週間犯案，尤其是下雨的晚上。長住此地的居民似乎都沒被偷過，他也不碰已經打開的食物。有戶人家很愛說一個笑話：「他不跟窈窕淑女約會。」因為無論他們的酒櫃遭竊幾次，窈窕淑女雞尾酒（譯註：美國名媛貝瑟妮．法蘭可〔Bethenny Frankel〕自創的雞尾酒品牌）從來不曾遭竊。

十年過去了，故事依然沒變。幾乎沒人阻止得了他，警察也抓不到。他似乎常在森林裡出沒。有事進市區的家庭擔心走進門會不會撞見小偷，大家也怕他躲在林中偷偷觀察，伺機而動。他闖進你家搜你的櫥櫃、翻你的抽屜。每次走向柴堆，你不免起雞皮疙瘩，害怕有人躲在樹幹後面。夜晚常有的聲音聽起來都像小偷闖進門來。幾個朋友私下討論在食物裡下毒或在落葉堆裡藏捕獸夾的可能性，但他們從未真正嘗試。

有人說，隱士顯然不會傷害人，只要讓他帶走你家的刀鑵和牛奶箱就沒事，他不會比夏天的蒼蠅更惱人。況且緬因州本來就是個怪州，不乏奇人怪咖，如今拜神祕隱士之賜，北湖總算有了自己的民間傳說。當地至少有兩名學童在學校作業寫過這個傳說。

然而，後來小偷愈來愈肆無忌憚。有戶人家把派對要吃的雞肉凍在冰箱裡，一下子卻全部消失。二〇〇四年北湖召開居民大會，當時這起疑案已經持續將近十五年。在場一百名居民被問到誰家曾經遭竊，至少有七十五人舉手。

經過多年，這個案子終於有了突破性的進展。由於自動感應相機的價格下降，體積變小，有幾戶人家安裝了這種相機。有名屋主把相機藏在煙霧偵測器後面，成功拍到了隱士探頭搜冰箱的畫面！相機拍到的影像令人納悶。小偷的臉不是很清晰，看起來卻是個乾乾淨淨、衣著體面的男人，既沒有蓬頭垢面，也沒有一臉憔悴，怎麼看都不像在森林裡餐風宿露的人。他看上去並不特別敏捷或強壯，甚至也不粗獷。有個人稱他為「平凡先生」。有人推測，大家口中的隱士其實一直是附近的居民。

無論如何，有了這些及後來拍到的照片，警方有把握很快逮到犯人。他們把隱士的照片張貼在商店、郵局、市政府等地，還有兩名警官挨家挨戶調查詢問。結果卻讓人氣餒，既沒人認得出照片裡的人，偷竊案也持續未斷。

又十年過去了。松樹營地遭竊的次數愈來愈頻繁，失竊物品也愈來愈多。這時竊案已經持續長達二十五年，整件事變得有點荒謬。世界有三怪：尼斯湖水怪、喜馬拉雅雪人，還有北湖神祕隱士。為了解開這個謎團，有人在兩個夏天內花了十四天晚上，不睡覺躲在漆黑的小木屋裡，握著麥格農點三五七手槍等待隱士現身。結果還是沒等到人。

一般認為，一開始的小偷八成已經退休或過世，最近的竊案應該是模仿型犯罪，也許是青少年幫派的第二代或第三代所犯下的。跟著隱士傳說長大的小孩，現在都有了自己的小孩。大多數人無可奈何地接受了現實，每到夏天就認命地更換船上的電池和瓦斯桶，照常過日子。丟了背包和床墊的那對夫婦，最近丟了一件新的 Lands' End 藍色牛仔褲——三十八腰，另附一條咖啡色皮帶。

最後，完全出人意料的事情發生了。尼斯湖水怪沒跳出水面；沒人看見喜馬拉雅雪人在聖母峰上遊蕩；火星上也沒有小綠人。但北湖神祕隱士的的確確真有其人。休斯警官逮到他的時候，他穿著三十八腰的 Lands' End 牛仔褲，腰上繫著咖啡色皮帶。

6

警察依侵入住宅竊盜罪逮捕克里斯多福．奈特，並將他送往緬因州首府奧古斯塔（Augusta）的肯納貝克（Kennebec）郡立監獄。將近一萬個日子以來，這是克里斯第一次睡在屋簷下。

這則新聞經《肯納貝克日報》披露之後，引起各界強烈的好奇和反應。大量的信件、電話和訪客湧進監獄，副警長萊恩．李爾登（Ryan Reardon）形容像「馬戲團」。喬治亞州的一名木匠自願幫忙修復奈特造成的損害。有名女性想向克里斯求婚。另一人願意提供土地免費讓奈特使用，還有一人要把家裡的房間借給他住。

很多人寄來支票和現金。有位詩人想知道奈特的詳細生平。據副警長李爾登說，兩位分別來自紐約州和新罕布夏州的人士共帶了五千美元現金來到監獄，也就是奈特的保釋金總額。但過沒多久，法院裁定奈特有逃亡之虞，將他的保釋金提高到了二十五萬美金。

有五首歌以他為主題，包括〈無人知曉的北湖隱士〉、〈來自北湖的隱士〉、〈北湖的隱士〉、〈隱士之聲〉，以及〈北湖隱士〉，類型從鄉村音樂、流行歌曲、另類搖滾、輓歌到民謠皆有。緬因州的代表性餐館 Big G's 熟食店甚至推出一款「隱士三明治」，裡頭有烤牛肉、煙燻牛肉和洋蔥圈，標榜內含「當地所有失竊物品」。有個荷蘭畫家根據隱士的故事創作了一系列油畫，並在德國的畫廊展出。

數百名來自美國、甚至世界各地的記者都想聯絡他。《紐約時報》將他比作《梅崗城故事》（*To Kill a Mockingbird*）裡足不出戶的「阿布」（譯註：Boo Radley，《梅崗城故事》裡讓街坊小孩既好奇又恐懼的獨居者，最後出手拯救了兩位主角）。談話節目力邀他出席。某紀錄片團隊前來奧古斯塔想採訪他。

隱士似乎成了緬因州中部每間咖啡館和酒館滔滔議論的話題。很多文化都將隱士視為智慧的泉源、人生奧祕的探索者，也有文化視之為惡魔詛咒的對象。奈特想要告訴我們什麼事？他發掘了什麼奧祕？還是他不過就是瘋子？他若要受罰，應該受到什麼樣的懲罰？這些年來，他如何在森林裡存活下來？他的故事究竟是真是假？如果是真的，一個人為什麼要徹底跟社會隔絕？肯納貝克郡的地方檢察官梅根．馬洛尼（Maeghan Maloney）說，奈特顯然原本想一輩子隱姓埋名，如今卻成了「緬因州最出名的人」。

奈特儘管是這場騷動的中心人物，至今仍未打破沉默。他從未公開說過半句話，對所有好意也一概拒絕，保釋金、老婆、詩作或現金都不例外。那三百多元美金後來用作遭竊居民的賠償基金。他被捕之前，隱士傳說就令人費解；他被捕之後，對大多數人來說，謎團反而愈滾愈大。事實甚至比傳說更加不可思議。

7

有天早上，我在手機上瀏覽新聞時，看見了克里斯多福・奈特的報導。雖然周圍吵吵鬧鬧，小孩把柳橙汁灑得亂七八糟，這則新聞還是抓住了我的目光。我曾經在野外度過無數個夜晚，但多半是跟太太生下三個小孩之前。我們在三年內增加了三名家庭成員，這個經驗帶給我們無限美好，卻不大允許我們到森林裡享受靜謐時光。我並不羨慕奈特的壯舉，畢竟野外不能生火，實在很克難，但他的經驗確實激起我某種程度的敬意，也讓我驚訝不已。

我喜歡獨處，偏愛的運動是一個人長跑，而記者和作家這兩種職業卻又經常得跟社會牽扯。生活壓得我喘不過氣的時候，我的第一直覺（腦中的幻想）就是往森林裡跑。我家是消費主義徹底失控的最佳寫照，但我其實最嚮往簡單、自由的生活。曾經，當孩子還包著尿布、混亂失眠的日子變得有害身心時，我會逃得遠遠的——儘管只是形式上的暫時逃離，而太太也只能勉為其難地同意。我逃到印度，報名十天的靜修營，期望大量的獨處時光可以撫平神經，讓心平靜下來。

可惜沒那麼簡單。靜修營雖然是給凡夫俗子上的課，仍納入大量的靜坐冥想；老師教我們名為「內觀禪修」的古老靜坐法，對我卻有如苦刑。那比較像給僧侶而非遁世者的修行。周圍有好幾百名學員，但是大家不准交談、比手畫腳或有目光交會。我心中那股想跟人互動的渴望從未消失，而且靜坐對我的身體是一大折磨。儘管如此，那十天對我來說就像從井邊往井底看，讓我瞥見了靜默不語的神祕之處。如果你敢把自己徹底投向內心深處，那種體驗可能既刻骨銘心又教人極度不安。

我不夠勇敢。那樣坦率地內觀自省需要極大的勇氣和毅力，而我顯然不足，也沒有那麼多空閒時間。但我不斷思索，井裡會藏著什麼東西、什麼樣的洞見或真相。印度靜修營有人完成長達好幾個月的禪修，他們身上散發出的平靜沉穩令我嫉妒。而奈特似乎超越了所有的界線，一頭撲向井底，探進深處的神祕世界。

此外，書也是一個因素。奈特明顯熱愛閱讀。根據報導，他偷了很多科幻小說、偵探小說、暢銷書，甚至禾林出版社的羅曼史，只要是北湖小木屋裡找得到的各種書籍他都偷。也有人丟了財經教科書、二次世界大戰的學術類磚頭書，以及喬伊斯的《尤里西斯》。被捕之後，奈特提到他很欣賞笛福（Daniel Defoe）的《魯賓遜飄流記》（*Robinson Crusoe*）。魯賓遜流落小島的時間幾乎跟奈特隱居山林一樣長，但他有「星期五」（譯註：魯賓遜從食人族手中救回的俘虜，因當天是星期五而取作此名）陪伴他多年，而且他的故事是虛構的。地方檢察官梅根．馬洛尼說，目前關在監獄的奈特正在讀《格列佛遊記》（*Gulliver's Travels*）。

在我看來，露營和閱讀是人的兩大享受，同時擁有兩者可謂人生最高級的歡娛！隱士似乎跟我有同樣的嗜好，只不過以他的程度，我望塵莫及。我在家用吸塵器清理早餐碎屑時，不由得想起了奈特，到辦公室付帳單時又想起了他。像他這樣無論身心對現代生活都毫無免疫力的人，一下子就要暴露在這個社會所有的細菌之下，實在令我擔心。更要緊的是，我迫不及待想要聽聽他對世人揭示的奧祕。

結果什麼也沒有。記者轉移了焦點；紀錄片團隊打包行李回家。但我的腦袋仍然轉個不停，好奇心整個被挑起。隱士被捕兩個月後的某個寧靜傍晚，家裡的人都還在午睡，我坐在書桌前整理思緒。接著，我拿出一疊黃色筆記紙和一枝好寫的原子筆。

「奈特先生您好，」我提筆寫道：「冒昧來信，敬請見諒。此刻我正在蒙大拿州西部的家中寫信給你。我在此地已經住了將近二十五年。最近我在一些新聞報導中讀到你的遭遇，有股強烈的衝動想要寫信給你。」

接著我坦承，每次在報上讀到關於他的一切，都讓我產生更多的疑問。我還說我熱愛戶外生活，跟他一樣都走到人生中年，我今年四十四歲，比他小三歲。我也表明自己的記者身分，並影印了幾篇我最近在雜誌發表的文章，包括一篇報導遙遠東非的遊獵部落的文章寄給他，心想他或許會對他們與世隔絕的生活感興趣。我還提到自己是個愛書人，直言我最喜歡的作家是海明威。

「願你在新環境適應良好。」我在最後一段寫道，總共寫了兩張半的信紙。「也祝福你的案子盡可能和平解決。」最後我不忘簽上名字：「麥可敬上。」

8

一個禮拜後，一個白色信封躺在我的信箱裡。用藍色原子筆寫的住址字跡分明，但有點歪歪扭扭，寄信人是「克里斯・奈特」。信封背後蓋了一個章，聲明：「此信由肯納貝克郡立監獄轉寄。內容未經審查。」

信封裡只有一張摺成三等份的紙。我把紙放在書桌上攤平，發現那是出自我寄給他的那篇東非哈札族（Hadza）的文章。哈札族人住在坦尚尼亞的東非大裂谷，這篇文章曾經刊登在《國家地理》雜誌。除了文章，我還附上幾張複印的彩色照片。

奈特寄回的是其中一張照片。這張照片是名為翁瓦斯（Onwas）的哈札族長老的特寫。文中提到翁瓦斯現年六十歲，一輩子以荒野為家，跟二十四人組成的大家庭在野外紮營。翁瓦斯不記錄年歲，只記錄季節變化和月亮圓缺。他擁有的財產不多，卻享有大把大把的悠閒時光，也為人類大家庭的起源提供了最後一條線索。

「人」這個物種出現在兩百五十萬年前。從存在至今，人類超過百分之九十九的時間都跟翁瓦斯一樣，過著小型遊獵民族的生活。這些遊獵族群或許關係緊密，財產共有，但人類學家推測，無論是單獨一人或有他人作伴，他們幾乎每個人一生當中都有大量的時間活在寂靜裡，有時是在尋找可食用的植物，有時是在荒野中捕捉獵物。這就是我們人類的真實樣貌。

一萬兩千年前，農業革命在中東地區的肥沃月彎展開，世界結構因此快速重整，村落、城鎮、邦國陸續出現。很快地，一般人幾乎再也沒有獨處的時間。有人無法接受這樣的結果，便選擇逃離人群；這種人雖然稀少，但一直不乏其人，相關記載可追溯到五千多年前。從人類開始書寫以來，隱士就是題材之一。遠古人類就為隱士深深著迷，無論是刻在獸骨上的中國象形文字，或是美索不達米亞西元前約兩千年、刻在泥板上的《吉爾伽美什史詩》（*Epic of Gilgamesh*），都提過獨隱山林的僧人或野人。

各個文化或時代都不乏追求隱遁生活的奇人，有些受到敬重，也有些招來鄙夷。孔子（逝於西元前四七九年）就對隱士表示讚賞。根據孔門弟子的記載，孔子曾說有些隱士德行高深。西元三、四世紀，幾千名隱士住進埃及尼羅河兩岸的石灰岩山洞隱修，這些人就是今人稱作「沙漠教父、教母」的虔誠基督教徒。十九世紀有梭羅（Henry David

Thoreau，譯註：一八四五年在老家麻州康科德鎮〔Concord〕展開爲期兩年的獨居生活，後來將其生活及思考記錄在《湖濱散記》〔Walden〕一書中，影響後代作家深遠），二十世紀有隱形炸彈客（譯註：一九七八到九五年間爲反抗現代科技，寄炸彈到高等學府和航空公司的炸彈客泰德．卡辛斯基〔Theodore John Kaczynski〕，犯案前在大學任教，後辭去教職到蒙大拿州隱居）。

這些隱士沒有一個像奈特隱居的時間那麼久，至少不像他從未接受過外界的幫助，最後也沒有被趕進修道院（如前段所說的沙漠教父教母）。世界上或許曾有（或至今仍有）比奈特更遺世獨立的隱士，若是如此，我們從未發現他們的蹤跡。對人類來說，捉到奈特就好比捕獲傳說中的大王魷魚。因為涉及竊盜，他隱居的狀態並不單純，但他堅持了二十七年之久，期間除了說過一聲「嗨」，從未與人交談或接觸。因此我們可以說，克里斯多福．奈特是人類有史以來最孤獨的一個人。

把翁瓦斯的照片寄回給我，似乎是奈特向我傳達訊息的迂迴方式，暗示他對另一個遠離現代社會的人的欽佩，而且一個字都沒用上。後來我把紙張翻面才發現奈特在背後寫了字。內容不長，只有三段，總共才幾百字，一行行字擠在一起像在取暖。儘管如此，這仍然是奈特多年來第一次跟另一個人表達自己的想法。

上面沒有禮貌寒暄，直截了當地說：「來信收到，顯然是。」「顯然是」三個字頗為幽默，引人發噱，帶有一絲高傲。他說他之所以回信給我，是因為期望藉此紓解獄中生活的「壓力和煩悶」。此外，說話也讓他感到不自在。他寫道：「我的聲音有點生鏽，口語能力也遲鈍了。」他為自己潦草的字跡致歉，因為普通原子筆可以拿來當武器，他只能用包在塑膠軟殼裡的筆寫信。

看來奈特各方面都很羞怯，除了文學批評。他說他對海明威「有點無感」，比較偏愛歷史和傳記，不過目前他感興趣的是吉卜齡（*Rudyard Kipling*）的作品，特別是他「較不知名的作品」。藉由這樣的補充，他彷彿要澄清自己為什麼偷那麼多廉價小說，特別強調如果沒有別的選擇，他其實什麼書都讀。

他知道自己被捕一事引起一陣騷動。外界寄給他的信件確實都送到他的牢房，但他發現絕大多數都很「瘋狂、令人毛骨悚然，再不就是很怪」。信中暗示他之所以選擇回我的信，一來是我的信沒那麼令人毛骨悚然，二來是他認為我的遣詞用字有討喜之處。寫到這裡，他似乎意識到自己未免有些友善，於是筆鋒一轉，表示不想透露更多。

接著，他似乎又擔心自己顯得太不友善，於是又說：「這封無禮的回信讓我不安，不過我認為與其客套有禮，不如有話直說。我無意『談及個人隱私』，但無論內容為何，手寫字必定涉及隱私。」最後一句話，他寫道：「感謝你的善意來信。」沒有簽名。

我立刻提筆回信，還郵購了吉卜齡的《要做國王的人》（*The Man Who Would Be King*）和《勇敢船長》（*Captains Courageous*）寄給他。奈特在信中提到，因為他不認識我，所以信上只寫些「無關痛癢的事」。這就像是鼓勵我跟他變熟的邀約，因此我寫滿了五張信紙，除了一些家庭趣事，我還提起最近一次投奔荒野的經驗（儘管現在次數愈來愈少）。那時候是夏至，而且剛好碰上所謂的超級月亮，也就是那年最接近地球的一次滿月。我跟朋友到蒙大拿的山上露營時，剛好目睹這兩種天文現象同時發生的奇景。

此外，我還跟奈特坦承我是個有污點的記者。二〇〇一年，我在一篇探討童工的雜誌文章中，結合多場訪談創造出一個合成角色，這種說故事的方法違反了新聞界的規則。造假一事披露之後，有些雜誌很快取消我的寫作資格，有一段時間，我覺得自己備受孤立，被新聞圈排拒在外。奈特承認自己犯下多起竊盜案，靠著竊取他人財物才得以隱世獨居。或許坦承我是業界的罪人能夠激起他的共鳴——我們都想達成遠大的理想，到頭來卻都一敗塗地。

看見信箱出現他的第二封回信，我大受鼓舞，但引起他共鳴的不是我的污點，而是那次露營之旅。這次他寫了三張信紙，信中敘述他為了練習說話而做的嘗試。他設法跟六位牢友展開對話，大多數都很年輕，反應也很冷淡。他選擇跟他們討論的話題，就是夏至跟超級月亮同時發生的趣事。他寫道：「我以為他們起碼會有一點點興趣，但顯然沒有。你應該看看他們面無表情的臉。」

他攀談的對象大都只是點點頭，笑一笑，當他是「傻了或瘋了」。有的大剌剌地盯著他，好像他是當眾展示的怪胎。後來他收到我的信，看見我因緣湊巧提起同一件事。他說他「大吃一驚」，從那次開始，他的信就不再「無關痛癢」，反而跟日記一樣坦白而尖銳。

跟其他囚犯關在同一個鐵籠裡，對他是一大折磨。信上寫道：「你問我睡得如何，我睡很少，也睡不好。幾乎隨時都覺得疲倦、神經緊繃。」但他也以一頓一頓、近似歌唱的文字，表示他活該被關。「我偷東西。我是小偷。我一再犯案，持續多年。我知道那樣不對。我知道錯了，每次都很愧疚，但還是照偷不誤。」

他在下一封信和下下一封信中都提到，想像森林就在煤渣磚牆後面，讓他得到了「安慰和解脫」。他用感情充沛的文字提到林中的野花野草：黑心金光菊、脫鞋蘭、三葉草、蒲公英（雖然他覺得這種花「枯了更有趣」）。在營地的爐子上煮飯時，他幾乎聽得到「鹽和油脂在煎鍋裡發出的歌聲」。但多半時候，他只想要安靜——「全世界可以供我取用、消耗、大口咀嚼、細細品嘗、盡情享受和回味的安靜時間。」他沒有日漸習慣周圍隨時有人的牢獄生活，反而一天比一天憔悴虛弱。他說他在森林都會仔細修剪鬍子，現在反而不刮鬍子了。「把鬍子當作日曆來用。」他寫道。

有好多次，他嘗試跟其他牢友交談。雖然支支吾吾「擠出幾個字」，但是音樂、電影、電視等話題，他完全脫節，現代俚語也是。他偶爾會使用一些縮寫字，髒話完全不行。有位牢友取笑他：「你講話聽起來像一本書。」奈特發現，獄中人員和警衛接近他時「一臉同情，面帶微笑」，每個人似乎都在問他同一個問題：你知道現任總統是誰嗎？他當然知道。在林中，他會固定收聽廣播上的新聞。「他們想測試我。」他寫道：「每次我都想亂答一通，說個可笑的答案，但想歸想，終究沒這麼做。」

過不久，他乾脆不再說話。「我躲回寂靜裡，把它當作一種自我防衛。」他說。最後他決定只說「是」、「不是」、「麻煩」、「謝謝」這幾個字，而且只對警衛說。他說他「很驚訝這麼做反而得到尊重，想不通沉默怎麼會產生這種嚇阻作用。對我來說，沉默是很正常也很自在的一件事。」接著又補上一句：「我承認我有點瞧不起那些靜不下來的人。」

他沒有透露太多林中生活的細節，但提起的事情都很慘烈。他坦承有幾年他幾乎撐不過冬天。他在一封信中提到，為了熬過艱困時期，他試過靜坐：「我沒有每天、每個月、每個季節都靜坐，只有在死亡逼近的時候——當死亡以存糧見底或漫長嚴冬的面貌出現時。」他的結論是：靜坐有效。信上寫道：「我還活著，頭腦也還清醒，至少我這麼認為。」信末一樣沒有署名。他的信都突然打住，有時就停在某段思緒之中。

下一封信，他又提起頭腦清醒的話題：「出了森林，他們就為我貼上『隱士』的標籤。對我來說很怪，我從不覺得自己是隱士。後來我愈想愈擔心，因為我知道這個標籤暗示我『頭腦不正常』。這個玩笑有點過分。」

他更擔心的是，在監獄裡待愈久，只會證明那些以為他腦袋不正常的人猜得沒錯。他的案子陷入泥淖，停滯不前。在監獄待了四個月後，奈特完全不知道自己會面臨什麼樣的命運。他有可能被判十幾年徒刑。「壓力大到讓人喘不過氣，」他寫道：「告訴我一個數字。多久？幾個月？幾年？我要坐多久的牢？把最壞的結果告訴我。多久？」

這種不確定感日日夜夜折磨著他。牢獄生活的種種，手銬、噪音、髒亂、擁擠，摧殘他的感官。雖然說一個人若不得不面臨牢獄之災，緬因州中部的監獄相對來說沒那麼可怕，但對奈特來說仍是苦刑。他稱監獄為「瘋人院」。裡頭從來沒有一刻暗下來，晚上十一點過後也只稍微把燈調暗。他說：「我懷疑，坐牢幾個月對我的神智造成的傷害，比在森林裡住幾十年更大。」

最後他覺得自己甚至無法寫作。他說：「有一陣子，寫信能幫助我紓解壓力。現在沒辦法了。」他的最後一封信慘不忍睹。那是他八個禮拜以來寄給我的第五封信。信中的他似乎已經瀕臨崩潰。他說他「還是好累。比之前還累。更累。累到極點。累到令人厭煩。無止無盡的累」。

之後他就不再回信。之後三個禮拜，我寄給他三封信，問他「你還好嗎？」，很擔心他會撐不下去，但信箱裡沒再出現寫著歪斜住址的白色信封。我重讀他的最後一封信，希望從中發現他潛意識想傳達的訊息，卻一無所獲，不過最後幾行字緊緊抓住我的目光。我跟奈特的通信持續了一整個夏天，這是他唯一一次署名。就算身心疲憊、精神緊繃，他的最後一句話還是幽了自己一默：「你友善的好鄰居，隱士克里斯多福・奈特。」

9

緬因州首府奧古斯塔雖然風景如畫，卻帶有一絲憂鬱氣息。市區街道空蕩蕩，肯納貝克河沿岸的工廠過去曾是掃帚握把、墓石和鞋子的製造廠，如今變成巨大的磚牆空殼。郡立監獄建於一八五八年。原本的建築是一座花崗岩小堡壘，現在成了警長辦公室。奈特住的監獄是一棟跟主建築相連的淺灰色煤渣磚樓，是後來才增建的三樓建築。

探監通常開始於傍晚六點四十五分，我來得太早。通過一樓的兩道金屬門，我走進監獄的等候室，站在一扇窗戶前。窗戶是單向透視玻璃做的，前面擺著一張小桌子。我不知道該不該按下按鈕，引起某人的注意。大型按壓式洗手液旁邊貼了一張告示，提醒訪客進去探監之前先洗手。

「來探誰的監？」擴音器傳來玻璃另一邊的粗嘎聲音。

「克里斯多福・奈特。」

「關係？」

「朋友。」我不太確定地說。他不知道我要來，我也很懷疑他會不會願意見我。他的信暗示了他承受了極大的痛苦，也抱著強烈的決心，而且還有一個尚未說出口的奇妙故事。確定他不會再回信之後，我決定放手一搏，從蒙大拿飛到東岸的緬因州去見他。

一個金屬抽屜啪一聲打開，要我繳上證件。我把駕照放上去，抽屜又啪一聲關上。駕照回到我手中之後，我坐在等候室的長椅上，轟轟聲和劈啪聲在髒兮兮的白牆之間迴盪。

有對老夫妻走進來。接著又有一個男人進來，回答完跟囚犯的關係是「父子」之後，他抱著一袋內衣褲坐下，好像手中抱的是救生索。在肯納貝克郡立監獄，你能帶給囚犯的東西不多，未拆封的內衣褲是其中一項。之後，有個女人走進來，還帶了兩個穿著一樣的粉紅色洋裝的小女孩。小女孩好像正在長水痘，但她們的母親說那只是蚊子咬，像是說給大家聽的，沒特別針對誰。說完她又補上一句：「我們住在偏遠的森林裡。」這剛好提醒我，見到奈特要問他怎麼對付蚊蟲。北邊森林的蚊蟲有的很凶狠，就連隨遇而安的梭羅都曾在《緬因森林》（*The Maine Woods*）中說他「飽受蚊蟲騷擾」。

最後，終於有個娃娃臉獄警拿著手持金屬探測器走進來。他叫了一個名字，老夫婦站了起來。用探測器對他們搜完身之後，獄警打開印著「一號探監室」的栗色門，然後在他們身後關上。接著，他把抱著內衣褲的男人送進二號探監室。

總共有三間探監室。當獄警叫到第三個名字，帶著小孩的女人應聲站起來。我的心一沉，但後來獄警重新打開二號探監室，把剛剛的母女三人送進去，然後叫：「奈特。」

探測器在我正面和背面掃了一遍，幸虧我藏在口袋裡的小筆記本和原子筆沒被沒收。獄警打開三號探監室，門上有張告示說，一旦走出這扇門，無論理由為何，都不得重新進入。我踏進去，門在身後關上，我緊張得不知所措。眼睛漸漸適應微弱的燈光後，我才發現這個小隔間貼了一層厚厚的防碎塑膠板，而奈特就坐在一張椅凳上。

他的臉色很難看。我這輩子很少看到有人像他這麼不高興。他沉著臉，薄薄的嘴唇往下拉，眼睛沒抬起來看我。我在他的對面坐下，一樣是椅凳，黑色木椅座。我把筆記本放在塑膠窗戶下方、固定在牆上的金屬桌上。他對我的出現毫無表示，連點個頭都沒有。一雙眼睛望著我的左肩後面，幾乎一動也不動。他穿著一件洗過無數次的囚服，看得出來尺寸大了幾號。

牆上有個黑色聽筒，我拿起聽筒。他也拿起他那邊的聽筒，這是我看到他做的第一個動作。前面有一小段依法規定的制式錄音，提醒雙方通話會被監聽，之後線路就通了。

先說話的是我。「你好，克里斯。」

他沒回答，只是坐在那裡，面無表情，稀疏的頭頂在日光燈下像雪原般閃閃發亮，鬍子糾結成團（他的獄中日曆已經記了一百四十個日子），大都是棕色，但也帶著些許紅色跟少許灰色。他戴著金屬框的雙焦眼鏡，跟他在林中二十七年戴的那副眼鏡不一樣。寬闊的額頭和尖尖的鬍子，讓他的臉看起來有如讓車標誌那種三角形，也有點像俄國作家托爾斯泰，但非常瘦削。

來之前，我只看過奈特在警局拍的檔案照。照片中，他的鬍子刮得乾乾淨淨，微微皺眉，還戴著那副厚重的舊眼鏡；經過高壓又緊繃的被捕過程，鏡片背後的眼睛顯得困倦無神。現在坐在我面前的男人也沒有和善到哪裡去，但是可以明顯感覺到他全身警覺。他或許沒有正眼看我，但一定悄悄觀察著我的一舉一動，我還是不確定他會不會開口。

奈特在信中反覆提起，他在寂靜中才覺得舒服自在。我看著他，他卻不願意看我。他皮膚蒼白，像煮熟馬鈴薯的顏色，鼻子尖挺，肩膀低垂，整個人往內縮，姿勢防備。大約過了一分鐘。

這已經超過我的忍耐極限。「這裡的轟轟聲和劈啪聲一刻不停，」我說：「跟大自然的聲音比起來，一定很刺耳吧。」他把眼睛轉向我（算是我的小小勝利），但馬上又轉開。他的眼珠子呈淡棕色，小小的，幾乎沒有眉毛。我說出的話懸在半空中。

接著他開口了，應該說他的嘴巴動了。最初的幾個字我聽不見。他的話筒握得太低，落在下巴之下。畢竟幾十年沒用過電話，疏於練習。我用手指了指，示意他把話筒提上來一點。他調整好之後又重複一遍剛剛的話。

「這是監獄。」他說，就這樣。又是沉默。

我有好多問題想問他，但感覺都不太恰當，太過私人也太過窺探。於是我改問另一個比較無害的問題：「住在森林裡的時候，你最喜歡什麼季節？」

奈特頓了頓，顯然在奮力想出一個答案。「什麼季節我都接受。」他說，又皺起眉頭。他的聲音粗啞，字字分明，每個發音都毫不含糊，間隔清楚，聽起來不太自然。一串字幾乎沒有高低起伏，但帶有一點緬因腔。

我硬著頭皮繼續找話講。「你在牢裡有交到朋友嗎？」

「沒有。」他說。

我不該來的。他不想看到我，我在這裡也很彆扭。但探監時間有一個小時，我下定決心要待到最後。我在椅凳上坐定，對自己的姿勢、表情和呼吸，感受格外清楚。要比沉默，沒人能比得過奈特，但我至少要試試看。房間裡的燈光閃爍不定，天花板上少了兩片瓷磚。隔著刮痕斑斑的窗戶，我看見奈特的右腿在快速抖動。訪客這邊的地板鋪的是淡紅色的工業用地毯，他那邊則是藍色的。

奈特在某封信上提過，跟人面對面讓他「起雞皮疙瘩」，現在他確實搔著前臂。他的右手雀斑點點，手背上有塊星雲狀的咖啡色胎記。幾撮彎彎的頭髮從頭頂翹起來，像被魔咒召喚出來的蛇。有人在一面牆上用黑筆塗了「放我出去」幾個字，另一人在門上刻了三個數字——幫派分子給謀殺案的代號，因為加州刑法第一八七條就是謀殺罪。187

我的耐心有了回報。過了兩分鐘，他的腿不抖了，也不搔手臂了。接著，他彷彿終於在周圍環境中找到某種平衡，漸漸恢復了生命。

「有些人期望我是個好好先生，」他說：「待人和善，充滿隱士的神祕智慧，坐在我隱居的地方，滔滔說出類似幸運籤餅的人生格言。」

他說的每句話都清清楚楚，儘管聲音低微，我得用手指塞住另一隻耳朵才聽得見。他的手勢不多，但只要他願意開金口，他的用語也可以妙趣橫生，極富想像力，而且很犀利。

「你的隱居地……是不是在一座橋下？」我順著他的話問。

他慢慢地、痛苦地眨了眨眼。「你想的是北歐洞穴巨人？」

我哈哈笑，他的五官也牽動了一下，似笑非笑。我們總算有了一點共鳴，至少好不容易破冰了。我們的交談多少變得比較正常，雖然速度都不快。奈特像詩人一樣謹慎，似乎每個字都斟酌再三。他說他連寫信都會至少打過一次草稿，主要是為了刪掉不必要的批評，只留下必要的訊息。

他解釋了自己無法直視別人的原因。「我不習慣看人的臉，太多訊息了。你不覺得嗎？太多，也太快。」他話說完，我就把視線轉向他的肩膀後方，他也一樣看著我的肩膀後方，之後我們多半都這樣交談。「我不喜歡別人碰我。」他又說。警衛偶爾來搜身他還能忍受，但這已經是他的極限。「你不會是個喜歡擁抱的人吧？」他問。

我承認我偶爾會跟人擁抱。

「幸好我們中間有這個。」他說，輕敲窗戶。「要是這裡有百葉窗，我就會拉上。」獄警問他要不要選擇直接會面，但他選擇了電話會面。「比起身體的接觸，我寧願選擇腦袋的交流。我喜歡保持距離。」

奈特說話坦白直率，心裡怎麼想，嘴巴就怎麼說，完全未經社會禮教組成的安全網過濾。他不像一般人會說些善意的謊言；這種機制讓你即使晚宴再難吃都說好吃，與人互動起來也更圓融順暢。「如果能直截了當一點，我不怕講話沒禮貌。」他說。

我寄給他的文章裡面有一張我的作者照，他對這張照片的評價是：「你看起來很像書呆子，下次叫你太太幫你挑照片。」這次見面，我提到我兒子叫貝克特（Beckett），他說：

「呃，太糟了，你為什麼給他取這個名字？他長大後會恨死你。」

他說他聽到我來探監的第一個反應是拒絕會面。可是我們已經通過信，而且跟我見面或許是他練習跟人交談的機會；目前為止，他還沒在獄中練成這項技能。再說，我突然跑來（我不認為有其他記者這麼做，包括那個紀錄片團隊），而他知道我住很遠，拒絕會面未免太失禮，於是便接受了，之後卻免不了當著我的面擺臭臉。

奈特有時渾身是刺──他也**確實**渾身是刺。但他說自從被捕以來，他發現自己會在意想不到的情況下情緒潰堤。「比方電視廣告會讓我紅了眼眶，但在監獄讓人看見你流眼淚不是件好事。」

他很好奇媒體怎麼呈現他這個人。「是不是就像新聞廣播最後報導的奇人怪事？世界上最大顆的南瓜，隱居緬因州森林二十七年的男人。」他問我，是不是大家都稱他為隱士，我說沒錯。所有的地方報紙，包括《肯納貝克日報》、《晨間哨兵報》、《波特蘭新聞先驅報》，有時會稱呼他「隱士」。「我不喜歡這個稱呼。但可以理解。」奈特說：「某種程度也不算錯。隱士這個標籤符合他們的想像。反正我也阻止不了。」

奈特從中發現一個切入點。媒體顯然敲鑼打鼓，宣揚自己發現了一位活生生的隱士，於是奈特順水推舟，留起了大鬍子，給媒體他們想像的「隱士」形象。他的鬍子不只是他的獄中日曆，也是一副面具，既能吸收他人的目光，也能讓他在眾目睽睽下保有一點隱私。「我可以躲在後面，迎合大家的刻板印象和既定認知。被貼上『隱士』標籤有個好處，大家可以容忍我舉止怪異。」

他說他必須準備「重回社會」，也擔心在別人眼中他只是個瘋子，他不得不求助（他知道自己舉止怪異，也希望加以改變）。於是，我要他直視我的眼睛，只見他的眼神飄來飄去，並未出現友善的臉部表情、動作或互動，甚至連挑眉都沒有。新生兒可以這樣不斷嘗試，但奈特多撐幾分鐘都很吃力。

最後我終於跟他四目交接，趁機問他我在等候室想到的問題：「蚊蟲多的時候，你怎麼辦？」他回答：「噴殺蟲劑。」說完便轉過頭去。我在這裡對他是一大負擔。看來奈特只想要一個人獨處。儘管如此，探監時間結束前，我還是問他我能不能再來看他。

他的回答讓我很意外。他說：「可以。」

10

隱居森林期間，奈特幾乎都住在同一個營地。他選的地點讓人意想不到。緬因州就像擠在美國東北角幾個小州最頂端的一個軟木塞，有大片無人居住的林地，多半屬於木材公司所有。但奈特沒有浪跡山林，反而選擇在人類社會邊緣落腳。他住的地方周圍有城鎮、馬路和屋舍，還可以聽到在北湖划獨木舟的人的對話。他並沒有遠離人類社會，當個徹底的旁觀者。如果熟門熟路，從他的隱居地到最近的一間小木屋，走路只要三分鐘。

但知道怎麼走的只有奈特一個人。不過，被捕的那一晚，奈特被送往監獄之前，跟警官透露了他的祕訣。他帶著逮捕他的休斯警官和汎思州警到他的藏身處。那個地方位在私人土地上，地主不希望該地變成觀光景點，不過消息終究還是走漏了。

一個名叫卡羅・布巴（Carroll Bubar）的當地雜工，循著警察在雪地留下的足跡，找到了奈特的營地。靠著他給我的神祕指示，我開車離開奧古斯塔，往北深入緬因州中心。

道路像河流夾在樹木覆蓋的山脊間，牛馬徜徉其上，高高低低的田地綿延而去，跟周圍的迷你小鎮拉開距離。當地兩間雜貨店就叫「雜貨店」；放在塑膠盒裡販售的活餌就冰在牛奶旁邊。附近人家的郵筒印著法國姓氏，例如普朗（Poulin）、提博度（Thibodeau）和勒克雷赫（Leclair），極可能是十七、十八世紀移居新世界的法國人阿卡迪亞人的後代。一六六四年，這裡仍是英屬殖民地，英格蘭國王查理二世將當地一塊他稱為「新英格蘭本土」（maine land）的土地，交由其弟詹姆斯（授封約克公爵）治理。一八二〇年從麻薩諸塞州脫離之後，緬因州（Maine）一名可能就是由此而來。

一條崎嶇不平的小路經過松樹營地的車道，再往前走會遇到一道鎖上的柵門。從這裡走幾分鐘，就能瞥見在陽光下波光粼粼的湖水。附近總共有兩座湖，小北湖像個孩子依偎著北湖，中間有一條小徑相連，兩座湖加起來總共約四平方哩大，湖水清澈冰涼。周圍的小木屋多半挨著樹林，不容易看見。

我去的那天是週間，接近夏季的尾聲，周圍一片靜謐。除了少數例外，岸邊零零星星的度假小屋（一般低調稱為「營地」）內外都很簡單質樸，不少外牆已經剝落。很多人家的客廳，主要裝飾都是嵌在牆上的鹿頭標本。屋外有大型的戶外火盆、浮船塢，散落在地上的皮艇和獨木舟。空啤酒罐做成的風鈴掛在樹上。小溪對面有間破破爛爛的小屋，金屬屋頂，鐵杉壁板，鐵杉就是從這片林地砍下來的。這裡離奈特的營地只要三分鐘。一條泥濘車道形成奈特藏身林地的一道邊界。那片林地當然非他所有，他待在那裡的每一晚都屬於非法侵入。我現在做的事也是，所以我決定盡可能放輕聲音。奈特的營地位在一片兩百二十英畝的土地上，上面有一棟整年都有人居住的房子，奈特從未進去行竊。這片土地雖大，但北湖區常常有人來健行、打獵，從事越野滑雪，而且每年都會舉辦花船遊行、冰上釣魚賽和數潛鳥的活動（譯註：緬因州為保育潛鳥並記錄其數量而發起的活動）。周圍這麼多人來來去去，多年來卻沒人發現奈特的藏身處，實在奇怪。其中想必有什麼原因。

我離開車道，步入森林，樹木長得很密，濕氣悶在裡頭散不開，我的眼鏡一下就起霧了。奈特隱身的這片林子是一片樹種多元的古老林地。幾棵巨大的加拿大鐵杉在樹叢中鶴立雞群，灌木叢身上布滿蕨類和紅色傘蓋的鮮豔蘑菇。這片林地之所以長年不為人知，原因在於周圍遍布了巨石。大如車子的巨石散落各處，可能是上一次冰河時期的冰川留下的遺跡，上面結滿了苔蘚和地衣，我常常得抓住什麼東西才站得穩。抓著石頭往前走時，掃到的枝幹會劈啪作響，聲音大得像汽車防盜器。

除了緬因州中部，美國可以讓奈特這樣的人隱居的地方並不多。緬因州森林的濃密程度剛剛好，不像美國西部和阿拉斯加的森林那麼開闊，而且這個地區的人口分布不會太密集，也不會太稀疏，兩者都不利奈特行竊。此外，緬因州人不愛說三道四，也不會隨便闖入私人產業，若看見陌生人在附近走動，多半只會當作沒看見。北湖小木屋群的某屋主多半時間住在德州，德州對非法入侵就沒那麼寬容。他說換作是在德州，奈特這樣的人絕對無法存活下來。

那位好心雜工給我的神祕指示是：迎著傍晚的光線爬上山丘。好是好，可是這裡有十幾座小山丘，而且巨石遍布，為了避開石頭勢必得繞來繞去，無法直線前進。四周沒有小徑，而且因為是夏天，沿途充斥著蚊子、毒藤和尖刺。松針黏在汗上，你又不得不放下袖子避免蟲咬。四面八方視線可及之處不到幾呎，給人一種封閉壓迫、抓不到方向的感覺。休斯警官稱這片森林為「公山羊森林」。當地人則稱這片以嚇跑獵人、封住冰雪聞名的土地為「賈希森林」（the Jarsey），跟貫穿這片林地的石子路同名。

我從來沒有這麼快在森林裡迷失方向，最後只好放棄，狼狽地折回那條泥濘車道。我坐在石頭上猛灌水，重新找回方向感。第二次挑戰也沒好到哪裡去。即使一路朝著太陽前進（確切來說是夕陽），沒多久我再次迷失方向，在這片糾結纏繞的樹林裡亂闖一通。第三次更糟。巨岩上面的苔蘚很濕，而且跟冰塊一樣滑，我的腳一滑，塞了露營裝備和食物的背包把我往下拉，我失去重心，一頭摔下去，額頭狠狠撞上岩石，立刻腫了個包，一隻登山鞋也扯破了，我顯然不是這片森林的對手。奈特一直在這片林地來來去去，悄然無聲，毫髮無傷。而且都在**晚上**。這怎麼可能？

前一天，我到斯科希甘的辦公室找休斯警官。他身上的綠色狩獵官制服漿得直挺，腳踩黑色戰鬥靴，坐姿端正抖擻。他談到要追上奈特的腳步有多困難。他的工作時間、甚至空閒時間多半在緬因森林裡度過，在林中誘捕麝鼠和狐狸，也靠販售這些動物的毛皮賺點外快。搜索失蹤登山客時，他熟悉這座森林的程度簡直就像有千里眼。在北湖附近的森林穿梭的人，沒有一個逃得過他的法眼，無論是誰都會留下足跡，無一例外。

但提到跟奈特走進森林的過程時，他眼中的光芒暗了下來。休斯是個一板一眼的執法人員，不習慣誇大事實。他追蹤的犯人剛剛才承認自己犯下上千起竊案，他卻忍不住讚嘆。「我這輩子從來沒有過那種經驗。」休斯說。呈現在他眼前的有如一件藝術作品。「每個步伐都經過計算，每個動作也是。他每次踏出的步伐顯然都一樣，日復一日，年復一年，從不改變。」休斯說，奈特邁步時彷彿進入神遊狀態。「他已經渾然忘我，」休斯說：「徹底融入環境中。」因為太過忘我，所以休斯問他問題時，他也沒回答。「我只好任他沉浸在自己的世界裡。」休斯回想起當時的狀況。「這傢伙絕不會踏上任何一處會留下足跡的地方，也不會不小心弄斷樹枝、壓平蕨類或踢到蘑菇，碰到雪地就自動避開。我不敢相信自己的眼睛，甚至想不通他是怎麼辦到的。我太震驚了。說不定就算蒙住他的眼睛，他也不會走錯半步。他移動的樣子就像一隻貓。」

奈特的藏身處愈是神祕難尋，我對它的好奇就愈強烈。太陽愈來愈低，幾線日光從樹間縫隙篩下。我在賈希森林裡緩緩移動。每次到了岩石遍布的區域，我就會來來回回重新定位，儘管準確度就跟大海撈針一樣低。

漸漸地，我腦中形成一張地圖，記下奇形怪狀的巨石和叢叢分明的樹木。最後，森林總算在我眼前清晰起來。有一個地方的岩石特別巨大，地質學家可能會稱之為「漂礫」。其中有塊石頭形似大象，從某個角度看過去卻是微微分開的兩塊岩石。看似一個，其實是兩個，這是視覺上的錯覺，是森林變出的戲法。兩塊岩石之間的縫隙剛好夠我擠過去，就像一個祕密入口。穿過入口，我來到一片恍如夢境的空地。就是這裡！

11

我的天啊。奈特在密林中清出一片客廳大小的空地。因為有天然的巨石和茂密的鐵杉組成的巨石陣作為屏障，幾步以外完全看不到。頭上交織的樹幹形成棚架，所以從空中也看不到這片空地。這就是奈特皮膚那麼白的原因，因為長年都生活在樹蔭底下。講到他的蒼白膚色時，他說：「我住在森林裡，不是田裡。」空地很大，每一邊約有二十呎長，位在理想的平坦土地上，碎石也都清除乾淨。而且因為地形微微高起，有微風可以趕走蚊子，但又不會大到冬天得忍受強風吹襲。我只覺得，一小片森林彷彿就在我眼前消失了。

「要不是他帶我們來，我們大概永遠也找不到。」休斯說：「看著他在巨岩之間飛快穿梭，我心想這傢伙不知在搞什麼鬼？然後『嘩』！空地就出現在你眼前。」儘管有其他路可以進出那片空地，但是都被倒下的樹木和一簇簇巨石擋住，窒礙難行。從那塊形似大象的巨岩走進來才是明智的方式，絕對也是最戲劇化的方式。汎思警官說：「我們從巨岩走出來，我的下巴差點掉下來，心想：天啊，傳說是真的！」

警察已經把奈特的很多東西搬走，多到可以裝滿兩輛小貨車。他們也扯下了防水布，還拆了他的帳篷。雜物皺巴巴捲成一團，看起來很淒涼，兩支竹竿從中突出去，看似兩根織針。不過，警方已經把這裡原來的模樣拍照存證。

「他把帳篷擺成東西向。」休斯擺著頭說，不得不表示認同。「這不是偶然，而是根據求生訓練所做的選擇。他沒有選在山坡頂或山谷底紮營，而是兩地的中間，這是《孫子兵法》的策略。但這傢伙只有高中畢業，還是個鄉下小孩，也從沒當過兵。」

奈特隨時保持營地的乾淨，除草鏟雪一樣不少。但現在距離他被捕已經近五個月，地上鋪滿松針和落葉。我清出一小片地方，按照休斯的建議刮掉表層的泥土，看到早已褪色、吸飽水分的雜誌封面。那是大家熟悉的《國家地理》雜誌黃框封面，到現在還看得見封面標題是「剛果河」，日期是一九九一年十一月。

紙頁已經剝落，但底下還有別本（一九九〇年七月，「佛州分水嶺」）。一本又一本。挖了一呎，底下還有更多。雜誌用絕緣膠帶紮成一捆一捆，奈特稱之為「磚頭」。其他地方還埋了一捆捆《時人》、《浮華世界》、《Glamour》和《花花公子》。奈特把讀過的雜誌回收再利用，當鋪地板的材料，打造出一個非常平坦、排水又順暢的平台。

他在雜誌上鋪了地毯，這樣就成了室內起居空間的地板。從警察提供的照片看來，他的「牆壁」是用棕色和綠色塑膠帆布和多個大型黑色垃圾袋搭成的，而且像屋頂磚瓦一樣層層交疊，毫不馬虎，再用露營繩綁在樹枝和汽車電池上固定，形成一個A形結構，高十呎、長十二呎，兩端洞開，有如火車隧道。最後的成果相當賞心悅目，幾乎形似教堂，跟森林的色彩融為一體。光用防水布和塑膠袋，很難做出比這更好的作品。

從最接近象石的入口走進去就會來到奈特的廚房。露營用的雙口爐放在兩個牛奶箱上，一個五加侖的綠色水桶充當椅子。澆花用的橡皮水管充當瓦斯管接在爐子上，從帳篷內彎彎曲曲拉出去，連到瓦斯桶。爐煙可從敞開的兩端排出去。廚具用繩子吊在廚房牆面上，有一把煎鍋、一個馬克杯、一卷紙巾、一把鍋鏟、一支濾網、一個湯鍋，每樣東西都有自己的掛鉤。地上放了兩個捕鼠夾，以免小動物跑進來；一罐洗手液放在冰桶旁邊；食物則儲存在一個防齧齒動物的塑膠容器裡。

廚房後面，篷內另一端是奈特的臥房——藏在A形篷裡的尼龍圓頂帳篷，這樣就多一層防護可抵擋風雪，顏色鮮豔的帳篷也多了一層保護色。尼龍帳篷內有更多用來儲藏東西的塑膠盒。奈特說，帶休斯和汎思來看他的營地讓他很難為情，不是因為裡頭都是他偷來的東西，而是地方不夠乾淨。他的帳篷牆面已經開始腐爛破裂，東西用久了難免如此。「那就像你媽還來不及打掃房子，就有人說要去你家。」奈特說。他已經弄到一頂新帳篷，但還沒組裝起來。奈特就像所有的屋主一樣，總是在想要怎麼改良、翻新自己的住屋。被捕前，他已經在計畫要在地毯和雜誌地磚之間鋪一層碎石，進一步阻止雨水漫進帳篷。

尼龍帳篷入口前放著一張人工草皮門墊。奈特住得相當寒酸，卻睡得頗為豪華。他的床是用一張單人床墊疊在金屬床架的彈簧床上組成，床的四隻腳架在木頭上，避免弄破帳篷地面。床上有大小剛好的床單和真正的枕頭，還有幾個堆起來保暖的睡袋。他被捕時，用的是 Tommy Hilfiger 的枕頭套。

牛奶箱充當床頭櫃，上面堆滿書和雜誌。他有好幾十支手錶、手電筒和手提式收音機。他也會準備額外的靴子、睡袋和外套。他解釋：「我喜歡備份、多餘的東西和多一點選擇。」他還架設了一個「氣象站」，一個連接戶外溫度計的數位接受器，這樣不用下床就可以知道外面有多冷。他的設計面面俱到，無懈可擊，所以帳篷沒進過水。

在這片營地的邊緣，也就是廚房入口旁，有塊低矮、表面平坦的石頭，是奈特洗澡和洗衣服的地方。他在這裡儲藏了洗衣粉、肥皂、洗髮精和刮鬍刀。如他所說，這裡沒有鏡子。他喜歡偷 Axe 牌的體香劑。雖然二十七年來沒洗過熱水澡，他還是會用水桶裝冷水往頭上倒。

在洗滌區附近，他把一張防水布朝下綁在四棵樹上，當作一個超大漏斗，把雨水收集在三十加侖的塑膠垃圾桶裡。他通常會收集六十到九十加侖的水，這樣就足以捱過大半個乾季。乾旱特別嚴重時，他會健行到湖邊提水（湖水乾淨可飲用）。垃圾桶裡的水要是被毛毛蟲的排泄物或落葉（奈特稱之為「樹木的頭皮屑」）弄得太髒，他會先用咖啡紙過濾再喝。水留到最後會變得綠綠糊糊的，奈特就用這些水洗衣服或洗澡，或是煮開後泡茶。

他的廁所在營地後方，離象石入口最遠之處，其實就是在地上挖個坑，周邊圍上木頭。奈特甚至有一個衛浴用品盒，裡頭通常備有衛生紙和洗手液。他說他從不在營地裡生火，營地上也的確沒看到燒得焦黑的木柴。

營地周圍最高大的幾棵樹充當置物架。奈特在十幾棵鐵杉的樹幹捆上粗繩，把東西塞進繩子，例如電線、彈簧索、生鏽的彈簧、塑膠袋、剪刀、一罐強力膠、一雙工作手套，還有一把歪掉的鑰匙。「鑰匙可以當作鉤子或臨時的螺絲起子，用來把東西撬開之類的。東西我都捨不得丟，我喜歡把它們留著改作其他用途。」他在樹木之間綁了曬衣繩，主要用來曬他的標準裝束：深色運動褲、法蘭絨衫、防水外套和褲子。

他把靴子套在鋸斷的樹枝上——荒野裡的晾乾架。有棵樹上放著草耙和雪鏟，另一棵上面放著橄欖綠的棒球帽和軟趴趴的灰色漁夫帽。有些東西放太久，已經被長出來的樹木包住。有把拔釘槌幾乎被樹幹吞沒，已經拿不出來。休斯說，比起其他東西，這把槌子更讓他驚覺奈特在這裡住了有多久。

奈特知道隨時可能有人到附近健行或從空中搜索他的蹤跡，所以他把會反射陽光的東西都蓋起來，要不就藏在帆布篷底下。他把塑膠冰桶和金屬垃圾桶都噴上了迷彩色，連煮義大利麵的鍋子也是。雪鏟不用的時候，他會用深色塑膠袋把金屬鏟子包起來，用黑色膠帶將手把纏好。瓦斯桶收在垃圾袋裡。樹葉掉光之後，營地有幾個地方可能會讓人看見，所以他在這些地方掛上迷彩防水布。他甚至把曬衣夾都塗成綠色。

這片營地有一小塊地方微微高起，有點像門廊，上面擺了一張鋁製的綠色戶外椅，椅腳包著膠帶以防陷入爛泥。這把椅子跟營地的其他東西一樣，都擺設得恰到好處，十分協調，更加凸顯此地的寧靜清幽。後來我們討論到這件事，奈特對我的想法嗤之以鼻：「你以為我有風水考量？」

我把自己帶來的帳篷搭起來，然後坐在那張綠色鋁製椅上。花栗鼠在樹間奔跑，橡實如彈珠從樹枝間掉落，一陣強風吹彎了高處的樹枝，但只有一些樹葉掉下來，散落在營地周圍。

天色很快變黑。青蛙扯嗓高叫；蟬像鋸台般唧唧軋軋；啄木鳥叩叩叩挖掘小蟲。最後，潛鳥的聲音出現了，北方森林的主題曲響起，高亢的聲音像哭又像笑，看你的心情而定。有輛車嘎札嘎札開過黃土路，一隻狗汪汪叫著。有一段時間還可以聽到人的交談聲，但聲音模糊，聽不出在講什麼。

奈特的營地離其他人那麼近，他連要打噴嚏都沒辦法。這裡的手機收訊狀況還算良好。文明近在咫尺，熱水澡和物質享受就離他幾步之遙。

不久，天色整個暗下來，眼睛不管張開或閉上幾乎都沒有差別。有東西在森林裡移動。是野生動物，或許實際上不比兔子大多少，但聽起來像河馬一樣。頭上交織的樹枝形成一層薄紗，透著幾顆星星，還有斜著嘴笑的四分之一個月亮。有隻鳥發出一顫一顫的吱吱叫聲。之後萬物靜寂。

那種靜，真的靜到讓我的耳朵轟轟響，連一絲微風也感覺不到。我想像奈特此刻正躺在砰然關上的監獄門後，在床鋪上瑟縮著身體。我覺得自己像個入侵者，不是入侵私人土地，而是他的家。我退回我的帳篷，雙腳冰冷。關掉手機後，我鑽進睡袋。

此起彼落的鳥叫聲迎接早晨。我拉開帳篷的拉鍊。霧氣籠罩樹頂；蜘蛛網在露水下閃閃發亮，有如孩子玩的拉花繩；樹葉翩翩落地。秋天的腳步近了，空氣中飄散著樹液的味道。我打開手機，發現自己竟然睡了十二個鐘頭。多年來最久的一次。

12

克里斯・奈特隱居森林超過四分之一個世紀，但在這之前，他從來沒有在帳篷過夜的經驗。他在阿爾比翁鎮（Albion）長大，離他住的營地以東不到一個小時車程。阿爾比翁鎮有兩千人口，四千頭乳牛。克里斯是奈特夫婦的第五個小孩，也是第五個兒子。他的四個哥哥分別是丹尼爾（Daniel）、喬爾（Joel）、強納森（Jonathan）和提摩西（Timothy）。他還有個妹妹，名叫蘇珊娜（Susanna）。據克里斯說，蘇珊娜患有唐氏症。母親喬伊絲（Joyce）在家照顧小孩，父親薛爾頓（Sheldon）在一家乳酪廠工作，負責清洗大卡車。他是退役海軍，打過韓戰。一家八口住在簡單的兩樓農舍裡，門廊裝了紗窗紗門，還有六十英畝樹木茂密的土地，上面種了蘋果樹和覆盆子。

奈特家的小孩都得分擔舊時人家的雜務。「我們是鄉下人。」克里斯說。他們要砍木柴供爐子生火，摘莓果給媽媽做果凍和果醬，還要照顧兩英畝大的菜園，用拖拉機犁地。

在父親的教導下，克里斯和幾個哥哥都學會修理壞掉的東西，從電器到機動車都有，也會動手建造自己想要的東西。有次他們蓋了一棟小屋，由薛爾頓設計，就建在他們家土地上的一排雪松中間，既實用又美觀。牆壁是石頭砌成的，每塊石頭都是他們幾個兄弟收集而來，再仔仔細細疊上去，抹上水泥。爐子則用五十五加侖的金屬油桶改裝而成，接上自製的管子當排煙口；小屋在獵鹿季節用來藏身非常理想。

傍晚通常是奈特家的閱讀時間。爸媽各坐在一張搖椅上，手裡拿著一本書。他們的家庭友人凱利．維格（Kerry Vigue）說，奈特他們家看起來就像圖書館。他們是《有機園藝》和《自然新知》這類雜誌的訂戶，擁有一整套介紹製革和養蜂等農家技術的系列書籍。克里斯說他小時候看了好多 Time-Life 出版的歷史書，都是他從小學圖書館借來的。

喬伊絲和薛爾頓都期望兒子在課業上有傑出的表現，他們也不曾失望。高中老師和同學認為奈特家的男孩聰明過人。有人對他們的印象是「一家子天才」。克里斯說，比起成績，他爸媽更重視「洋基人的應變力」（譯註：這裡的洋基，指美國東北部的新英格蘭人），也就是實際運用聰明才智的能力。「強悍好過強壯，精明好過聰明。」他重複一遍奈特家的家訓：「我既強悍又精明。」

奈特家經常試驗新品種的種子，想盡辦法提高收成。他們種了馬鈴薯、豆子、南瓜和玉米。「餵飽一群男生的基本食物。」克里斯說。

他們家還研究熱力學，甚至蓋了一小間溫室。先把好幾百個裝滿水的一加侖牛奶罐埋進土裡，不用埋太深，在地平面以下即可，製造出所謂的「熱沉」。由於水分子之間的電磁力（化學家稱這種分子具有「黏性」），水能儲存比土壤多四倍的熱能。白天時，埋在奈特家溫室下的水吸收了熱能，日落之後，這些水就會慢慢把熱能釋放出來。他們整個冬天都利用這個系統種植作物，不需要付給電力公司半毛錢就能讓溫室保持溫暖。「我們家比較喜歡自我學習和自我提升。」克里斯說。

奈特家的手頭並不寬裕。回到家時，只要口袋裡有零錢，薛爾頓都會把零錢丟進咖啡罐。隔天早上上學前，喬伊絲再把錢分給小孩買牛奶。他們家從來不會丟掉零碎的鐵片或多餘的零件。

克里斯說他的家人「非常注重隱私」。他懇求警方不要聯絡或打擾他的家人，至少別在他坐牢期間。除了一小群親友，奈特家幾乎不跟其他人往來。生物學家發現，人對獨處的渴望部分來自遺傳，而且某種程度可以加以測量。如果腦垂體分泌的催產素（也稱促進人際關係的主要化學元素）偏低，血管加壓素偏高，對情感的渴望就會變低，所需的人際互動也比較少。

約翰·卡喬波（John Cacioppo）在他的著作《孤獨》（*Loneliness*）中指出：「我們每個人都從父母身上繼承了某種程度對融入社會的需求。」卡喬波是芝加哥大學認知與社會神經科學中心的主任，他說每個人一出生就有「天生的人際關係調節器」。克里斯·奈特的調節器想必很接近絕對零度。

克里斯的父親薛爾頓在二〇〇一年去世，但經過十幾年，也就是他被捕之後，才得知這件事。而他母親喬伊絲跟妹妹，仍住在原來的房子裡。喬伊絲今年已經八十好幾，仍然負起照顧女兒的工作。長子丹尼爾比克里斯大十歲，就住在鄰近土地上比克里斯家寬一倍的拖車型住屋內。離他們最近的鄰居約翰·波文（John Boivin）說，他住在奈特家隔壁已經十四年，至今還沒跟他們家任何一個人打過招呼。有時他會看見喬伊絲出來拿報紙。而克里斯的妹妹蘇珊娜，幾十年來幾乎不曾在公共場合出現過。

亞曼達·陶伍（Amanda Dow）在當地公所服務將近二十年。她說：「阿爾比翁鎮的每個人我都認識，但奈特家的人我卻沒什麼印象。」認識薛爾頓的人都說他很「內向」，無一例外。鮑伯·米里肯（Bob Milliken）是阿爾比翁的酪農，也是薛爾頓的遠房親戚。他說奈特一家人都很「聰明、正直、勤奮，自食其力，受人尊敬，而且很安靜」。他還說他難得跟奈特家的成員交談時，「多半只會談天氣的話題。」

克里斯肯定地表示，他的成長過程還算順利，「沒什麼可以抱怨的。我有一對好父母。」家裡沒有其他人有過法律上的糾紛。奈特的兩個哥哥喬爾和提摩西來監獄看過他，也是唯一來看過他的家人。克里斯承認他認不出他們，只覺得喬爾的笑聲很耳熟。兩個哥哥說他們常納悶克里斯出了什麼事。他們猜想他已經死了，但從沒把這個想法告訴母親，因為想讓她保有一絲希望。這似乎能給她些許安慰。他們會說也許他人在德州，或是去了落磯山脈，甚至到了紐約。

家人顯然從未為了克里斯失蹤的事聯絡過警方，也不曾通報失蹤人口。「他們就當我去做我想做的事。」克里斯說：「去冒險之類的。我們洋基人看世界的方式跟別人不太一樣。」休斯警官說，奈特家沒去報警並不讓他特別驚訝。他說：「他們是緬因州的鄉下人家，凡事低調，不喜歡說三道四。」

小時候，當紫丁香盛開時，克里斯會去採一束花送給媽媽。「我喜歡那個香味和顏色，而且那是春天最早開的一種花。我記得當時還覺得自己有了新發現。」他說。除此之外，他很少公開表達對他人的愛。「我們不覺得有必要隨時表達自己的想法。」克里斯又說：「我們對彼此的感情沒有多到滿出來，也不是那種感情澎湃的人，不習慣用肢體表達情感。在我們家，男生不能表達自己的感受，凡事都靠自己去體會，不需要說出口。一直都是這樣。」

小時候就認識克里斯的人用「安靜」、「害羞」、「書呆子」來形容他，但沒人察覺他有更深一層的「障礙」。傑夫．楊格（Jeff Young）跟克里斯是小學、國中、高中的同學，也常跟他一起搭公車。他說：「我不覺得他有那麼怪。他是個聰明又調皮的小孩，而且很有幽默感。」奈特也有高中男生無聊又愛惡作劇的一面。楊格記得他們一起上過駕訓班。有一次，克里斯故意開得離路邊很近，車子擦過路邊的灌木叢，因為剛下過雨，坐副駕駛座的教練剛好開著窗，所以濺得他一身都是水。

奈特一家從來不去滑雪，也不吃龍蝦大餐（譯註：緬因州以產龍蝦出名，有龍蝦州之稱）。「那不屬於我們的社會經濟能力範圍。」克里斯說。但他們有雪鞋，而且是「長形的木製雪鞋，有熊掌型的綁腳」，也會帶著活餌到附近的河流釣魚。到了冬天，全家人會去某個親戚在北方森林的狩獵營地，奈特家的男孩會駕著摩托雪橇，在雪地裡玩到凌晨一、兩點才罷休。

有一次，克里斯跟哥哥喬爾去跳傘。兩個人按照指示坐上一架小飛機，然後往下跳。那是克里斯這輩子唯一一次坐飛機。「所以我坐過飛機起飛，卻從來沒有坐飛機降落過。真有意思。」他說。

因為是家中最小的兒子，克里斯難免被幾個哥哥捉弄。他們給他取了「法德」這個綽號，大概是從「獵人法德」（Elmer Fudd，邦尼兔的死對頭）這個卡通人物來的。克里斯很討厭這個綽號。他父母的管教很嚴格，規定不能太晚回家，要把功課寫完，不准吃垃圾食物。克里斯的表哥凱文·尼爾森（Kevin Nelson）向《肯納貝克日報》透露，他以前會騎腳踏車帶好吃的到奈特家。「他們會從臥房窗戶垂下一條繩子，然後把一整袋的零食吊上去，」尼爾森說：「我想他們從沒喝過汽水。」

薛爾頓熱愛打獵。他在《晨間哨兵報》上的訃聞提到，閒暇時「他喜愛獵鹿」。他的床腳鋪的熊皮地毯，就是從他射中的黑熊身上取下的毛皮。克里斯有時會跟父親一起去打獵。「有幾次去打獵，我睡在小貨車的車斗上，」他說：「但從來沒單獨一個人睡，也沒睡過帳篷。平常我習慣睡自己房間的床，爸媽都知道我人在哪裡。」

克里斯曾經幸運拿下緬因州的獵駝鹿執照。當年他十六歲，跟著父親到加拿大邊境附近的森林打獵。他父親借給他一把點二七〇溫徹斯特手動式步槍，克里斯用這把槍射中一頭七百五十磅的母駝鹿，還親手取出內臟。「我很自豪，為自己的技術並拿到執照感到自豪。那年我們吃得不錯。」

在勞倫斯高中，克里斯那個年級有兩百二十四名學生，他覺得自己在裡頭像「隱形人」。他不參加校外活動，不打球，也沒參加社團，從沒看過橄欖球賽，也沒參加期末舞會，但他說他確實有「兩、三個」朋友。他的同班同學賴瑞·史都華（Larry Stewart）記得他曾跟克里斯消磨過幾個晚上。「有天晚上，我記得特別清楚。」史都華說：「我們開著某人的車亂晃，克里斯坐在後座。我們做的事跟一般緬因州小孩沒兩樣——沒有無聊到偷偷把睡著的母牛翻身（譯註：據傳鄉下人以此爲消遣，但多半是都市人的刻板印象），但或許偷喝了幾口某人的啤酒，或開車繞舊廣場，一邊聽『外國人』合唱團和『史密斯飛船』的專輯，還去了麥當勞之類的。克里斯很聰明，人也很好，我從不覺得他有哪裡怪。但誰知道有什麼隱情？我們緬因人做事有自己的一套方法，既不喜歡管別人家的事，也不喜歡別人管自己家的事。」

有一天，克里斯和傑夫·楊格決定蹺課去釣魚。「我們前一天就計畫好了，」楊格說：「還把釣竿帶去學校。就只有我們兩個，我想他不喜歡身旁太多人，我也不怪他。我們走了兩、三哩路到賽巴斯提庫河上的舊鐵橋，但最後沒成功。」薛爾頓八成起了疑心。當天他開著他的紅色道奇小貨車經過。據楊格說，克里斯應該很尊敬他老爸，說不定還有點懼怕他。他什麼都沒說就直接坐上小貨車，跟著他爸走了。

上了高年級，奈特跟緬因州大多數公立學校的學生一樣，都要修一門名為「狩獵安全和戶外求生技巧」的課。課程內容包括如何看指南針和搭建簡易避難所。「這件事一直在我腦中重播。」他的老師布魯斯・席爾曼（Bruce Hillman）說：「我告訴每個孩子，在性命交關的緊急狀況下，如果你剛好來到一片營地，直接闖進去也無妨，這在緬因州是可以接受的。我自己也有一片營地，也習慣隨時留些乾糧在裡面，免得有人需要。你永遠不知道你對一個孩子會產生什麼樣的影響。那時候我指的是兩、三天的緊急狀況，不是二十年。」

一九八〇年代早期，第一代個人電腦問世，奈特為之著迷。一般人可能以為他有科技恐懼症，但其實他接納新科技的速度很快。根據畢業紀念冊的內容，他未來想當「電腦技術人員」，最喜歡的科目是歷史。他在學校的綽號了無新意，就叫「騎士」（Knight，編按：奈特此姓在英文中的意思）。

「我討厭體育，」他說：「討厭體育老師。伍迪・艾倫不是說過一句話？『沒本事的就去教書，不會教書的就去教體育。』我發現去自修室看書就能翹掉體育課，我就這樣逃掉高中四年的體育課。我身體健康，身高也比一般人高，純粹不想參與團體運動。上體育課讓我覺得自己好像困在《蒼蠅王》（*Lord of the Flies*，譯註：英國小說家威廉・高汀〔William G. Golding〕一九五四年發表的小說。故事敘述一群小孩因躲避戰爭迫降在一座荒島上，在島上設法建立秩序，但終究難敵暴力和野蠻的人類本性）的世界裡。你能想像我跟大家一起打排球嗎？」

高中畢業之後，奈特報名了希爾法尼亞技術學院（Sylvania Technical School）的電子學課程。這所學院位於麻薩諸塞州的沃爾瑟姆市（Waltham），靠近波士頓外郊。課程總共九個月，內容包含修理電腦。克里斯的兩個哥哥都修過同一個課程。課程結束後，他在沃爾瑟姆找到一份安裝住家和汽車警報器的工作，這對他日後行竊有一定的幫助。他在一棟透天厝租了一間房間，還買了新車——一九八五年份的白色速霸陸。他哥哥喬爾是他的車貸保人。「他好心幫我忙，我卻害了他。」奈特說：「到現在我還欠他。」

工作不到一年，有一天奈特沒事先知會老闆就辭了工作。奈特家的長年友人凱利・維格說，他甚至連工具都沒歸還公司。老闆一氣之下打電話給克里斯的家人，要求好幾百美元的賠償金，以彌補他損失的工具，還威脅奈特家若不付錢就要採取法律行動。維格記得，克里斯的父母最後還是付錢了事。

在此同時，克里斯將最後一張薪水支票兌了現就開車走人。他沒跟任何人說他要去哪裡。「沒有人可以說。」他說：「我沒有朋友，對同事也不感興趣。」他開著那輛速霸陸一路往南。當年他二十歲，沿途靠速食果腹，住廉價汽車旅館，而且是「我能找到最便宜的旅館」。他獨自一人開了好多天車，直到發現自己已經深入佛羅里達州。他沒提到自己曾在觀光景點、美術館或海灘停留。大多數時間他都在州際公路上，顯然除了坐在車裡看世界、把自己關在金屬殼和玻璃窗內以外，沒做太多其他的事。最後他掉頭往北走，從車上廣播得知雷根當上了總統，車諾比核災爆發。

在克里斯這趟第一次、也是唯一一次的公路之旅，發生了一些事。他開車往北，橫越喬治亞州、南北卡羅萊納州和維吉尼亞州。仗著青春無敵，加上「開車給人的逍遙自在感」，他腦中有個想法逐漸成形、鞏固，最後化為一股決心。從小到大他都喜歡一個人，跟人互動常讓他感到挫折，每次與人相處都像一場衝撞。開車時，或許他感覺到恐懼和興奮在內心激烈交戰，彷彿站在懸崖邊，就要跳入萬丈深淵。

他一路開回緬因州。緬因州中部的馬路不多，而他選擇了一條從他家前面經過的路絕非巧合。「我猜我只是想看最後一眼，說聲再見。」他沒有在家門前停下車；而是透過車上的擋風玻璃，瞥了最後一眼自己的家。

之後他繼續開車，「一直往北一直往北」，不久就到了穆斯黑德湖（Moosehead Lake），也就是緬因州最大的湖泊；從這裡開始，真正進入緬因州的偏遠森林。「我開上一條小路，再切到另一條小路，然後更小的小路，一直開到車子快沒油。」他深入荒野，看車子能帶他走多遠。

最後他停下車，把車鑰匙放在中控台上。雖然他有帳篷和背包，但沒有指南針和地圖。既沒有特定的目標，也搞不清楚東西南北，就這樣他拋下車子，走進森林。

13

可是為什麼？一個年僅二十歲、有工作、有車、腦袋又聰明的年輕人，為什麼突然拋下這世界？這個行為本身帶有自殺成分，只不過奈特並沒有結束自己的生命。「對外面的世界來說，我這個人不復存在。」奈特說。這對他的家人想必是一大打擊。他們不知道他發生了什麼事，也無法完全接受他死了。奈特的父親在他失蹤十五年後去世，在他的訃聞裡，奈特仍在遺屬之列。

他身為人類社會成員的最後一刻所做的事，尤其教人費解。「我直接把車鑰匙丟在車上。」他說。從小，父母教導他要珍惜每一分錢，而速霸陸又是他買過最貴的東西，但車子買來還不到一年，他卻把它棄置在荒野裡。為什麼不把車鑰匙留在身上，以備不時之需？要是他發現自己不喜歡露宿荒野呢？

「車子對我已經沒有用處。油箱幾乎空了，離加油站又有好幾哩遠。」他解釋。據說那輛車至今還在那裡，有一半已被森林吞沒，那串鑰匙就擱在車裡的某個地方，原本的文明產物差不多已經變成荒野的一部分，也許就跟奈特本人一樣。

奈特說他也不是很清楚自己離開的原因。這個問題他想過很多次，但從來沒有答案。「那是個謎。」他說。他說不出具體的原因，既沒有什麼童年創傷，也沒人性侵他，家裡更沒有誰有酗酒或暴力傾向。他遁入森林不是為了逃離傷痛或隱瞞什麼醜事，也不是要逃避對自身性向的迷惘不安。

無論如何，以上這些理由通常不會使人選擇隱居。隱士有各式各樣的名稱，例如隱遁者、修道士、厭世者、苦行者、隱者、上師等等，卻沒有明確的定義或一定的標準，除了對遺世獨立的渴望。有些隱士就算訪客不絕也無妨，有些隱於鬧市，也有些蝸居大學研究室。但我們可以大致依其隱居的動機，把從古至今的隱士分成三大派，分別是：抗議派、靈修派、自我追尋派。

抗議派之所以離群索居，主要出於對現世的強烈反感。戰爭、環境破壞、犯罪猖獗、消費主義、貧富不均，都可能是他們隱遁的原因。這類隱士經常不懂其他人怎麼會如此盲目，無視於人類的各種自毀行徑。

「我選擇獨居，」十八世紀的法國哲學家盧梭寫道：「乃因對我而言，最孤寂的生活方式，似乎比這個只能靠背叛和仇恨供給養分的邪惡社會更加可取。」

中國歷史上，選擇隱居山林以抗議腐敗君主是常有的事。這些人往往來自上層階級或受過高等教育。這種以隱居表達抗議的人在中國很受敬重，甚至傳說曾有賢明君主挑選繼任者時，直接跳過自家人，選擇把王位讓給隱士。但大多數隱士都在隱居生活中找到心靈的平靜，因而拒絕了王位。

世上第一部探討獨居生活的偉大文學作品是《道德經》。成書於西元前六世紀的古代中國，作家老子是一名抗議派隱士。全書八十一個短篇描寫了拋下俗世、與四季和諧共處的絕妙境界。《道德經》認為，智慧唯有透過隱退（而非追求）、無為（而非有為）才能獲得。《道德經》有言：「少則得，多則惑。」這些詩句流傳甚廣，兩千多年來都被奉為隱士宣言。

今日在日本，約有一百萬人把隱居當作一種抗議手段。這群人被稱為「繭居族」（意指隱蔽、抽離），其中以男性居多，年齡從青少年到青年不等。他們拒絕了競爭激烈、循規蹈矩、壓力鍋似的日本文化，躲在從小到大使用的房間裡，幾乎足不出戶，很多人甚至如此過活長達十幾年。他們靠著閱讀或上網消磨時間，父母幫他們把三餐送到房門口，心理學家則提供線上諮詢。媒體稱他們為「失落的一代」或「消失的一代」。

第二種靈修派是宗教型隱士，目前為止占據的人數最多。隱居生活和心靈覺醒之間的關係源遠流長。拿撒勒人耶穌在約旦河受洗之後就隱居曠野，獨居四十天後才開始吸收門徒。根據某個版本的故事，在西元前約四五〇年的印度，喬達摩．悉達多在一棵菩提樹下靜坐四十九天，最後悟道成佛。傳說穆罕默德在西元六一〇年來到麥加附近的洞穴隱居，一名天使在此向他揭示日後可蘭經的前幾行詩句。

印度哲學認為理想狀況下，每個人長大成人都會變成一名隱士。對他們來說，成為苦行僧（sadhu），放棄所有家庭和物質的依附，轉向修行，是人生第四個、也是最後一個階段。有些苦行僧甚至會去申請自己的死亡證明，因為他們認為自己的生命已經完結，就法律層面來說，在這個國家已經算是死亡。今日印度至少有四百萬名苦行僧。

中世紀期間，繼埃及的沙漠教父、教母之後，另一種新型態的基督教隱士在歐洲崛起。這些人被稱為隱者（anchorites），此名源自古希臘文，意指「退隱」。這些隱者獨自住在漆黑的小房間裡，通常連著教堂的外牆。成為隱者之前，一般要舉行某些儀式，包括最後的禮拜式，此後小房間的門口甚至會用磚塊封死。隱者要在小房間裡度過餘生，也有人一待就是四十幾年。他們相信，這種生活方式能與上帝緊密聯繫，還能得到救贖。僕人會從小洞口送食物給他們，幫他們清理便壺。

無論是法國、義大利、西班牙、德國、英國或希臘的大城都有隱者的蹤跡。在很多地方，女性隱者的人數甚至比男性隱者多。中世紀女性的生活處處受限，成為隱者可以拋開社會束縛和繁重家務，對女性或許反而是一大解脫。學者稱隱者為現代女性主義的先驅。

第三種自我追尋派是最現代的一種隱士。這類隱士既非為了逃離社會（如抗議派隱士），亦非受到更高力量的感召（如靈修派隱士），而是藉由隱居生活追求藝術自由、科學研究，或更深刻的自我探索。梭羅隱居華爾騰湖就是為了展開心靈之旅，探索「一個人內在的海洋，心靈的大西洋和太平洋」。

被視為隱士的作家、畫家、哲學家和科學家不計其數，其中包括達爾文、愛迪生、艾蜜莉．勃朗特（Emily Brontë），還有梵谷。《白鯨記》（*Moby Dick*）的作者梅爾維爾（Herman Melville）有三十年的時間過著半退隱的生活。「所有深刻的事物，」他寫道：「都在寂靜之後發生，也要有它為伴。」芙蘭納莉．歐康納（Flannery O'Connor，譯註：美國小說家，因罹患紅斑性狼瘡而搬回家鄉喬治亞州的農場，多篇短篇小說被視爲美國文學經典）一生極少踏出喬治亞州的農場。愛因斯坦自稱是「日常生活中的獨行俠」。

美國散文家威廉．德雷西維茲（William Deresiewicz）認為：「真正的出類拔萃，無論是個人的、社會的、藝術的、哲學的、科學的或道德上的，必定都從孤獨中淬鍊而成。」

歷史學家愛德華・吉朋（Edward Gibbon）說：「孤獨是天才的學校。」柏拉圖、笛卡兒、齊克果和卡夫卡都曾被視為獨居者。梭羅說：「失去全世界之後，我們才開始找到自己。」

克里斯對這位偉大的超驗主義者的評價是：「梭羅是個半吊子。」

或許他說的沒錯。從一八四五年開始，梭羅在麻薩諸塞州的華爾騰湖畔小屋隱居了兩年又兩個月。隱居期間，他除了跟康科德的居民往來，也常跟母親一起用餐。「獨居林中期間，我接待的訪客比我有生以來其他時候都多。」他寫道。有天晚上他在住處招待客人，總共來了二十位。

奈特雖然住在林中，卻不認為自己是隱士，他從不在自己身上貼標籤。但談到梭羅時，他卻斬釘截鐵地說梭羅不是「真正的隱士」。

梭羅錯就錯在出版了《湖濱散記》。奈特認為，寫出一本書，把自己的想法包裝成一樣商品，不是真正的隱士會做的事。宴客或到鎮上跟人交際也不是。這些行為都指向外界，指向社會。某方面來說，這些都是在大聲說：「我在這裡啊！」

然而，幾乎所有隱士仍跟外界保持聯繫。《道德經》以降，中國許多不滿世事退隱山林的隱士都會寫詩，甚至自成一個文類，名為山水詩，詩僧寒山、拾得、豐干和石屋禪師都在此列。

聖安東尼（Saint Anthony）是最早出現的沙漠教父之一，也鼓舞了日後千千萬萬名基督教隱士。他在西元二七〇年左右住進埃及的一個空墓穴，在裡頭獨居超過十年，後來又在一座廢棄堡壘隱居二十年之久，只靠隨從送來的麵包、鹽和水維生。平常睡在光禿禿的地上，從不洗澡，一生都奉獻給強烈且往往帶來痛苦的信仰。

為聖安東尼立傳的聖亞他那修（Saint Athanasius of Alexandria）曾經見過他本人。據他說，聖安東尼結束退隱生活後，得到純淨的靈魂，得以上天堂。但傳記上也說，在沙漠的大多數時間，來求教於他的教區居民絡繹不絕。「群眾不讓我隱居。」聖安東尼說。

即使是自願終生禁閉的隱者，也沒有跟中世紀社會脫離。他們獨居的小房間通常在鎮上，而且多半有扇窗，方便他們給予前來求助的訪客忠告。百姓發現跟慈悲為懷的隱者交談，可能比向遙遠且無動於衷的上帝禱告更撫慰人心。於是，隱者成了智者，名聲遠播；好幾世紀以來，很多歐洲人都習慣跟隱士討論深奧的生死議題。

奈特獨居森林期間沒拍過照，沒跟人一起吃過晚餐，也從沒寫過半個字。他徹底背對這個世界，沒有一種隱士類別可以套在他身上，箇中原因也神祕難解。他說不出是「什麼」像無所不在的重力把他從這個世界拉走。他是世界上獨居最久的隱士之一，其狂熱程度也無人能及。克里斯多福·奈特是個如假包換的隱士。

「我無法解釋我的行為。」他說：「離開的時候我完全沒有計畫。什麼也沒想，直接就去做了。」

14

奈特其實並非毫無計畫。或者應該說，他心裡想的是跟「計畫」完全相反的東西。總之他的目標就是：把自己弄丟。不只要讓外界找不到他，也要讓自己在森林裡迷失方向。他身上只帶了基本的露營設備、幾件衣服和少許食物。「我身上就這些東西，」他說：「沒別的了。」他把鑰匙留在車上，從此消失在森林裡。

但要迷路沒那麼簡單。只要具備基本的戶外求生技巧，通常都會知道自己正往哪個方向走。發光發熱的太陽往西方天邊移動，以此為座標，自然就能找到其他方位。奈特知道自己正往南走。他說他沒有刻意做出什麼決定，卻覺得自己像鴿子，一路被回家的方向牽引。「這件事本身沒什麼奧妙或深意，只是很直覺的反應。動物都有回到自己地盤的本能，而我的地盤就是我出生、長大的地方，那就是牽引我的方向。」

緬因州有一連串南北向的狹長山谷，這些「爪痕」是澎湃洶湧、日漸消退的冰川留下的地質痕跡。山谷間是一座座山脈，歷經風吹雨打，已經像老人一樣頭頂光禿。然而，約兩千四百萬年前，阿帕拉契山脈曾經比落磯山脈還雄偉。奈特抵達當時是夏天，山谷仍是一片池塘、濕地和沼澤。

「我多半都貼著山脊走。」奈特說：「有時也會越過沼澤，從一邊山脊到另一邊山脊。」他沿著崩塌的山坡和泥濘的針葉林走。「我很快就迷失了方向，但我無所謂。」緬因州的每處自然景觀，從池塘到山峰，幾乎都有自己的名字。但奈特認為這些名稱都是人類強加上去的，不知道也罷。他追求的是一種最極致的純粹隱居狀態。「這裡沒有表明『你在哪裡』的告示，周圍不是乾土就是濕地。我知道我在哪裡，但也可以說我不知道我在哪裡。啊，愈說愈玄了，是吧？」

他擺脫了社會規範的束縛，坐擁一片叢林，變成森林之王，獨自在林中迷失方向——既像美夢成真，也像走進噩夢。但大部分他都樂在其中。他會在一個地點露營一個禮拜左右，然後再繼續往南走。「我一直前進，」他說：「對自己做的選擇感到滿意。」

除了食物以外。他一直在餓肚子，也不知道要怎麼餵飽自己。出走是他心中的堅定信念，但也是毫無準備的倉促決定；表面看似矛盾，但在一個二十歲的年輕人身上不是太奇怪。那就好像他週末去露營，結果一去就是四分之一個世紀。雖然打獵和釣魚他都很在行，問題是他既沒帶槍也沒帶釣竿。但他也不想死，至少當時並不想。

他的想法是靠「採集」食物維生。緬因州的荒野景色迷人，遼闊無比，但物產並不豐富。森林裡沒有果樹。雖然有野莓，但結果時間只有短短一個週末；不靠打獵、誘捕或釣魚，肯定要餓肚子。奈特慢慢往南移動，只靠少量食物果腹，最後終於又看到柏油路。他在路上發現一隻被汽車輾斃的鷓鴣，但他沒有爐子，也沒有簡易的生火方法，只好生吃。這一頓既不美味又不豐盛，卻很容易吃壞肚子。

他經過一棟又一棟有院子的住屋。從小家裡就管得很嚴，所以他道德感很強，自尊心也是，相信凡事都要靠自己，絕不接受他人的施捨或政府的補助。是非對錯他了然於胸，中間的界線通常也涇渭分明。

但試試十天不吃東西看看。飢餓的感覺很難忽略，到最後幾乎每個人的自制力都會瓦解。「我花了一段時間才克服良心的不安。」奈特說。一旦克服，他就開始這裡摘幾粒玉米，那裡挖幾顆馬鈴薯，再吃一些綠色蔬菜。

最初幾個禮拜的其中一天，他在一棟空屋裡過夜。那次經驗對他是一大折磨。「我心裡承受巨大的壓力，擔心被逮，整夜無法入睡，從此我再也不想嘗試。」他說。那次之後，他沒再睡過屋簷下，無論天氣多冷或雨下多大都不例外。

他繼續往南走，沿途摘取私人庭院裡種的植物，最後來到一個似曾相識的地方。那裡的樹木分布狀況他很眼熟，形形色色的鳥鳴和昆蟲他也都認得，連溫度都是他適應的北部氣候（溫度較低）。他不是很確定自己到了哪裡，但是他知道應該離家不遠。後來他才發現，以直線距離計算的話，那個地點離他家不到三十哩。

他遇到兩座湖，一大一小，岸邊散落著小木屋，有不少小庭院可供他輕鬆果腹。奈特想在這裡待一陣子，卻找不到適合露營的地方；既隱蔽又能住得舒服的地方很少。

最初一段時間，奈特幾乎每件事都是透過反覆嘗試學來的，只希望他犯的錯誤不會讓隱居生活畫下句點。他腦袋聰明，很會找出可行的方法解決複雜的問題。他的所有技巧，從鋪設帆布、過濾雨水，到穿越森林而不留下半點足跡，全都經過多次嘗試，每種版本仍有改進的空間。反覆修改自己的作業系統是奈特的嗜好之一。

有一陣子，他嘗試住在河岸邊。河岸的地勢高陡，而潺潺水聲就是天然的音響。奈特用偷來的鏟子在河岸挖了一個洞，再用廢棄木材加固牆壁和天花板，看起來就像老舊的礦井。可惜結果不如人意。基本上他就像住在洞穴裡，裡頭又濕又冷，連要坐起來的空間都不夠。洞穴本身雖然隱蔽，但周圍的森林太容易通行。果然，這個洞穴終究還是被獵鹿人發現了，不過當時奈特早就另擇新地。後來洞穴成了熱門的朝聖地點，當地人會來這裡尋找隱士傳奇的答案，儘管沒人知道洞穴是否就是由他所建，甚至不確定隱士是否存在。

幾個月內，奈特換過至少六個地方，卻還是找不到滿意的落腳處。最後他偶然發現了一片林木糾結、巨岩遍布的樹林，既沒有小徑通過，對登山者來說也太窒礙難行。他發現的地點就是賈希森林，而且他一眼就喜歡上這個地方。後來他又發現了那塊有隱祕入口的象石。「我一看就知道這是個理想地點，便住下來了。」

餓肚子的問題仍未解決。他想吃蔬菜以外的東西，就算都靠庭院摘來的蔬菜果腹，問題是當地人都知道緬因州的夏天像個難得出現卻又早早離開的貴客。奈特明白夏天一結束，接下來八個月，庭院和玉米田都會休耕，無法再供他果腹。

奈特覺悟到歷史上幾乎每個隱士最終會發現的一件事：完全只靠自己的力量很難存活下來。你還是需要外界的幫助。隱士經常選在沙漠、高山、極北林地隱居，這些地方幾乎無法自己生產食物。

為了填飽肚子，不少沙漠教父會編草籃，由助手拿到鎮上販售，再拿賺取的錢去買口糧。中國古代的隱士很多是道士、藥草師或占卜師。英格蘭的隱士會從事收稅、養蜂、砍柴和書籍裝訂等工作。很多隱士是乞丐。

隱士在十八世紀英格蘭的上流階級曾流行一時。很多富貴人家覺得應該在自家園林養一名隱士，還登報徵求不修邊幅、願意睡在洞穴裡的「園林隱士」。這樣的工作酬勞豐厚，當時有數百名隱士受雇，通常以七年為約，一天附一餐。園林隱士有些會在晚宴上迎接賓客。這個時期的英國貴族相信，隱士渾身散發出慈悲和智慧的光芒。這股「隱士風潮」持續了二十幾年。

奈特當然認為，接受任何幫助都會破壞這整件事。要不就隱身，要不就現身，只能二擇一，沒有中間地帶。他希望自己無條件地隱世獨立，放逐到一個他自己創造出來的孤島，一個跟文明毫無接觸的部落。但是只要一通電話告訴父母他沒事，馬上就會跟外界產生聯繫。

奈特發現，湖邊的度假小屋只有基本的安全防護，窗戶時常沒關，即使屋主不在家也開著。森林就是他最好的掩護，再說一年四季都住在這裡的居民不多，因此到了度假淡季，這一帶很快就人跡杳然。附近有個夏季營地，有一間很大的食品儲藏室。在此地要變成「採獵者」的最快方式，清楚擺在他的眼前。

因此，奈特很快有了結論：他決定用偷的。

15

犯了一千起竊案才落網，堪稱世界紀錄，需要精準的執行力、過人的耐心，還有膽量和運氣。除此之外，也要摸清人的習性。「我會尋找他們的行為模式。」奈特說：「每個人都有行為模式。」他潛伏在森林邊緣，仔細觀察北湖家庭的生活起居，無論是寧靜的早餐、熱鬧的晚宴、訪客、空房、在路上來去的汽車，他都不放過，就像觀察黑猩猩的珍．古德，只不過觀察對象換成了人類。他看見的一切都沒有激起他重返社會的欲望。

他堅稱自己不是偷窺狂。所有監視工作都是為了做出判斷、收集資訊和分析數據。他沒記住任何人的名字，一心只想找出居民的移動模式，例如他們何時去購物、小木屋何時無人居住。他看著一家家人搬進搬出，從中找出適合動手的時機。

他說，這些工作結束之後，剩下的只有等待時機到來。理想的行竊時間是週間的深夜，最好是陰天，雨天更好，傾盆大雨再好不過！一般人不會在天氣惡劣時走進森林，奈特也希望盡可能不要遇到人。儘管如此，為了慎重起見，他還是不會走馬路或小徑，也從不在禮拜五或禮拜六行動。只要聽到湖邊的喧鬧聲明顯變大，他就知道週末來了。

「月亮的問題」一直讓他進退兩難。有一陣子，他都選在月圓時行動，這樣可以把月光當作照明，不太需要用到手電筒。往後幾年，他懷疑警察加強了搜捕他的行動。當時，他已經記住這片林子的大致地形，於是改在沒有月亮的時候行動，以黑暗作為掩護。他喜歡改變行事作風，甚至不忘調整改變的頻率。他不希望自己形成固定的行為模式，不過倒是養成每次行動前先刮鬍子或把鬍子修剪整齊並換上乾淨衣服的習慣。這樣就算有人看見他也不會起疑，儘管碰見人的機率不高。

奈特的口袋行竊名單至少有一百間小屋，但他說：「一百這個數字可能太少。」除此之外，還有最眷顧他的松樹營地。他會不斷變換行竊的小屋。最理想的目標是存糧充足、屋主週末才來度假的小木屋。很多時候，連要到某間小屋總共要走幾步路，他都一清二楚。一旦選定目標，他就會在森林裡跳來跳去，來回穿梭，有點像泰山。「我是綠林好手。」奈特不諱言，並且用字優雅。

有時，如果他要去比較遠的地方，或需要補充瓦斯或換新床墊（他的床墊偶爾會發霉），就得划獨木舟去才方便。他從沒偷過獨木舟。獨木舟很難藏，而且船主發現獨木舟不見，一定會報警，因此用借的比較明智。湖邊有許多獨木舟可供選擇，有些擱在鋸木架上，很少使用。船主就算懷疑自己的獨木舟被借走，只要看見獨木舟完整無損、歸回原位，多半不會報警。

兩座湖周邊都有小木屋，奈特也都到得了。「划船好幾個小時對我來說不算什麼，只是分內的工作。」他說。如果浪太大，他會在船頭放幾塊石頭穩住船身。通常他不會離岸邊太遠，同時把樹木當作庇護，躲在樹影下。不過，偶爾也會碰到暴風雨，這時他就會選擇划過湖心，在黑暗中孤零零地忍受風吹雨打。

到了選定的小木屋之後，他會先確定車道沒車、屋內也沒有人等等最明顯該注意的事項。但這樣還不夠。侵入住宅竊盜的風險高，屬於重罪，不容許出一點差錯。只要一個疏忽，外面的世界就會把他抓回去。因此他會蹲在黑暗中，靜待片刻。

這一等就是兩個小時、三個小時、四個小時，甚至更久。他必須確定沒人在附近，沒人在看他，沒人報警。等待對他來說不難，耐心是他的長處。「我喜歡待在黑暗裡。把自己藏起來是我的本能。我喜歡的顏色都是能融入周圍環境的顏色。比『強鹿』（John Deere）的綠色拖拉機再綠一點的深綠色，是我最喜歡的顏色。」他從不會冒險闖進一年到頭都有人住的房子，因為牽扯到太多變數。此外，他每次都會戴手錶，控制時間。奈特跟吸血鬼一樣，日出後就不喜歡待在外面。

有時候，尤其是最初幾年，有幾棟小木屋完全不鎖門，這些房子最容易進去。但過不久，其他住所也變得差不多一樣容易闖入，包括後來松樹營地的冰櫃。這是因為奈特之前進去行竊時找到了鑰匙。但他不想帶著叮叮咚咚的大鑰匙圈到處跑，於是將每把鑰匙藏在各家某處，通常是不起眼的石頭底下。他製造了幾十個類似的藏鑰匙地點，而且從來不會忘記藏鑰匙的地點。

有段時間，他注意到有一些小屋在門口留下紙筆，要他列出採購清單，還有人把一袋袋的書掛在門把上。但他怕這是陷阱或惡作劇，也忌諱跟屋主筆墨往來（即使只是一張採購單），所以他什麼都沒動。後來這個方法漸漸褪了流行。

絕大多數時候，奈特會從窗戶鎖或門鎖下手。他隨身帶著開鎖工具組——裝了螺絲起子、扁條鋼和銼刀的運動包。什麼鎖都難不倒他，除了最堅固的門閂。只要用正確的工具輕輕一轉，鎖就開了，用不上太多力氣，反而更像在變魔術。

如果碰到真的很精巧的門鎖，他會改從窗戶進去。破窗或踢門而入對他都太暴力，是野蠻人做的事。偷完東西之後，他常會把撬開的窗戶重新扣好，再從前門出去，可能的話，還會確保門在他身後自動鎖上。沒必要讓這地方門戶洞開，便宜了其他小偷。

後來，北湖居民陸續花錢更新安全防護，奈特也與時俱進。他之前做過安裝警報器的工作，所以對警報器有些瞭解，也利用這些知識繼續行竊，有時切掉監視器，有時移除監視器的記憶卡，但後來監視器變得愈來愈小、愈來愈好藏。

奈特躲過了十幾次的追捕行動，其中有警方，也有當地居民。有一次，休斯警官加入州警組成的搜索隊，擔任司機。所有人擠進休斯的四輪傳動貨車，開上顛簸不平的林中道路，不時停下來徒步搜尋。「我們找了又找，還是沒發現隱士的蹤跡或營地。」休斯說。除了這些義警，還有個男人一連十幾個夜晚抱著槍枝，等待隱士現身。奈特能夠逃過一劫，要不是感覺到他們的存在，就是運氣好。

遭竊現場太過乾淨，連警方也不得不佩服。「他闖入這些房子的時候展現的高度紀律，」休斯說：「完全超出我們所能想像，包括腳力、事先的偵察、開鎖的天分、來去無蹤的本事。」有個警官送出的調查報告特別指出，其行竊手法「非比尋常地乾淨利落」。很多警官覺得，隱士是個竊盜大師。他彷彿在炫技，撬開鎖卻只偷一點東西，像在玩什麼古怪的把戲。

奈特說，每次他打開一道鎖，走進一戶住宅，總會感到一股強烈的羞恥感。「每一次我都很清楚意識到自己做錯了。這件事對我毫無快感，一點也沒有。」

一旦進了房子，他移動的方向就很清楚明確。通常他會先進廚房，再快速繞一圈房子，尋找有用的東西或他永遠不嫌多的電池。他從來不開燈，只會使用他綁在金屬頸鍊上的小手電筒。這樣子在森林裡，必要時他就可以把手電筒掛在脖子上，只照到地上的路，臉仍藏在黑暗中。奈特痛恨頭燈，頭燈會把光線灑得到處都是，跟酒吧招牌一樣亮。

行竊時，他沒有一刻不繃緊神經。「我的腎上腺素飆高，心跳快到破表，血壓也升高。每次偷東西我都很害怕。每次都是。只希望愈快結束愈好。」行竊時，只有當天氣太冷、東西需要解凍時，他才會暫停片刻。肉如果結冰了，他會把它丟進微波爐。

巡完房間，他會習慣性地去察看瓦斯烤肉爐，看看瓦斯桶是不是滿的。如果是，通常會有一個空的瓦斯桶擱在旁邊。他會將空瓦斯桶跟滿的瓦斯桶掉包，讓烤肉爐看起來毫無二致。奈特認為，讓屋主搞不清楚屋裡有沒有遭竊永遠是最上策。接著，他把所有東西都搬上獨木舟（如果這趟借了別人的獨木舟的話），再把獨木舟划到最接近營地的地方卸貨。卸完貨之後，他會把獨木舟歸還原位，在船上撒些松針，看起來彷彿沒人用過，最後再拖著他的戰利品走過賈希森林，穿越象石群回到營地。

這個時候，天空往往正要破曉。把最後一樣東西搬進營地後，他終於能放鬆下來。「之後是一段長時間的太平生活。不對，不是太平。這個詞太感情用事了。應該是平靜。」每次行竊帶回的東西都夠他撐上大約兩個禮拜。這時候，他再一次在林中的居所安頓下來。

「回到我的安全港，任務達成。」他說。這是他最接近「喜悅」的時刻。

16

奈特在荒野裡生活，卻比你還要乾淨，而且乾淨很多！松針和泥巴就算把你弄髒，也只是表面的髒。真正可怕的髒污，例如凶惡的細菌或病毒，通常要靠咳嗽、打噴嚏、握手和親吻才會傳染。與人交往的代價往往是我們的健康。奈特跟人類社會隔離，也就避開了各種生物性危害（譯註：指會對人類或動物造成危害的各種生物）。他健康得不可思議。雖然偶爾身體不適，他堅稱自己從未有過需要緊急就醫、病重、嚴重意外的狀況，甚至從不傷風感冒。

夏天時，尤其是遁入森林的最初幾年，他身強體壯，身手矯健。「你該看看我二十幾歲的樣子。我統治著腳下的土地，那是屬於我的土地。」奈特說，滿懷愧疚的表面下透出一絲自傲。「為什麼不能說是我的？除了我，沒有人在那裡。我掌控這片土地，想掌控到什麼程度都由我決定。我是森林之王！」

那一帶毒藤遍布，讓許多想追捕他的人因此卻步。奈特腦中有一小段口訣：「三片樹葉，不碰才對。」此外，他清楚記得每片毒藤生長的位置，即使晚上也不會碰到。他說他從沒中過毒藤的毒。

萊姆病則是一種細菌感染性疾病，是緬因州中部特有的，經由蜱蝨叮咬感染，會引起局部麻痺，但奈特同樣逃過一劫。他有想過萊姆病的問題，最後恍然大悟：「我拿它沒辦法的話，就不去想這件事。」

露宿森林、任憑變化無常的大自然擺布，雖然握有很大程度的自主權，卻沒有多少掌控權。一開始，奈特什麼事都擔心。擔心暴風雪把他活埋，擔心登山客發現他，擔心警察找上門。漸漸地，他照著自己的方法擺脫了大部分焦慮。

但並非全部。他認為太過放鬆也有危險。適量的擔憂是有益的，說不定還會救你一命。「我利用憂慮來刺激想法。」他說：「憂慮可以激發人存活下來、訂定計畫，而我不得不計畫。」

每次完成行竊任務，他都能暫時免於憂慮。他會按照食物腐爛的速度決定先吃哪些食物，從牛絞肉到夾心餅依序排列下來。身邊只剩下麵粉和起酥油的時候，他會把兩種東西加水混在一起，做成餅乾。他從不偷煮熟的食物或沒包裝的東西，因為怕有人在裡頭下毒，他只拿有完整包裝盒或罐子的東西。所有食物他都吃到一滴不剩，殘渣清得乾乾淨淨。包裝紙和包裝盒他都丟進營地的垃圾場，也就是營地邊緣的巨石間。

垃圾場散布在約一百平方呎大的土地上。一區丟瓦斯桶、舊床墊、睡袋和書籍，另一區丟食物的容器。即使是丟食物容器的那一區也沒有異味。奈特在上面加了一層又一層泥土和樹葉做成堆肥，消除味道，但大多數包裝都是上過蠟的硬紙板或塑膠，分解速度很慢。當初把垃圾挖出來的時候，很多盒子上的顏色還很鮮豔，上面的廣告詞、驚嘆號和花俏印刷從泥土下露出來，而知更鳥正在頭頂的枝幹上吱吱喳喳叫。

從這些垃圾呈現的人類學紀錄研判，難怪奈特唯一堪憂的健康問題是牙齒。他雖然固定刷牙，也偷了牙膏，但從不看牙醫，牙齒因此漸漸腐壞。雪上加霜的是，他的飲食偏好一直停留在嗜吃甜食和加工食品的青少年階段。「用『煮飯』來形容我做的事太過含蓄。」他說。

他的主食是起司通心麵。岩石間的垃圾場埋了許許多多起司通心麵的包裝盒，還有很多空的香料罐，從黑胡椒、香蒜粉、辣醬到燒烤風味醬都有。只要在小屋裡看到滿滿的香料架，奈特往往會抓一瓶新的調味料，回去撒在起司通心粉上試試味道。

他的垃圾掩埋場裡面，還有三十盎司裝壓扁的切達乳酪餅乾盒、一桶五磅裝的棉花糖霜、十六份裝的巧克力夾心蛋糕盒。除此之外，還有各式各樣的包裝，如全麥餅乾、馬鈴薯球、焗豆、乳酪絲、熱狗、楓糖漿、巧克力棒、餅乾麵團、奶焗馬鈴薯、雞柳條、檸檬水、汽水、墨西哥辣椒和起司口味的炸捲餅。

全都是從一個廚房水槽大小、徒手挖掘的洞穴裡挖出來的。奈特逃離了現代世界，卻仍靠現代世界的膏腴維生。奈特說，吃哪些食物不全是他的選擇。他偷的是小木屋屋主採買的食物，事先經過屋主的挑選。他也偷了一點錢，一年平均十五美金，他稱之為「備用金」。此外，他的營地離美夢便利商店和熟食店走路只要一個小時，但他從未走進去過。他上一次在餐廳、甚至在桌前吃飯，是在最後一次公路之旅途中的某間速食餐廳。

他還偷了冷凍千層麵、罐頭義大利餃和千島醬。你可以一直挖一直挖，直到把手臂枕在肩膀下側躺下來，還有更多垃圾冒出來：奇多零嘴、德國香腸、布丁、酸黃瓜。等你挖出一個深到可以用來打仗的溝渠，接著便看到了沖泡粉、盒裝鮮奶油、咖啡罐、汽水罐紛紛冒出來，也還沒見底。

由此可見，奈特不是美食主義者，他吃東西向來不挑。「我為了生存而養成的紀律，改掉了我對特定食物的偏好。東西能吃就好了。」他花在料理食物的時間不到幾分鐘，但不需出外行竊的兩個禮拜間，他很少離開營地，多半時間都用來做雜事、維修營地、整理環境，還有娛樂。

他主要的娛樂是看書。到小木屋行竊時，他最後一件事通常是去瀏覽屋主的書櫃和床頭櫃。對奈特來說，書中的世界永遠歡迎他。書不會強求他什麼，而現實世界的人際互動卻是那麼複雜難懂。人與人之間的對話有時像網球比賽，一來一往快得難以預測，不斷出現微妙的視覺和語言線索，還穿插了影射、諷刺、肢體語言和語調。無論是誰，偶爾都會碰到社交障礙，不知如何與人互動。這是身為人的宿命。

對奈特來說，與人應對是件苦差事。沉浸在文字世界，可能是他在能力範圍內最接近真實人際互動的時刻。不需出外行竊的這段時間，他得以沉浸書海，如果看到渾然忘我，他可以在書中世界飄浮，完全不受打擾，想待多久就待多久。

在小木屋找到的書往往令人失望。對於書，奈特的喜惡倒是很明確，閱讀的內容對他而言，可說比食物還重要。不過，當他對文字感到飢渴時，無論小木屋的床頭櫃上有什麼書、管它水準高低，他都照看不誤。

他喜歡莎士比亞，尤其是充滿背叛和暴力的《凱撒大帝》。艾蜜莉·狄謹蓀（Emily Dickinson）的詩讓他讚嘆，如遇知己。狄謹蓀在人生的最後十七年，鮮少離開麻州的住家，只透過半開的門跟訪客說話。「沉默，」她寫道：「有時勝過千言萬語。」

奈特很希望能弄到更多艾德娜．聖文森．米萊（Edna St. Vincent Millay）的詩。這位女詩人也是緬因州人，一八九二年出生於沿海小鎮羅克蘭。他引用了她最有名的詩句：「我的蠟燭兩頭燒／天亮之前就要熄滅。」接著話鋒一轉：「有好幾年，我試著在營地點蠟燭。偷蠟燭根本是浪費，不值得偷。」

如果硬要他選一本他最喜歡的書，他可能會選威廉．夏伊勒（William Shirer）的《第三帝國興亡史》（*The Rise and Fall of the Third Reich*）。「這本書很簡潔。」奈特說，一千兩百頁就解決，「而且跟小說一樣精彩。」只要看見軍事史的書，他一定會偷。

他也偷了一冊《尤里西斯》，但這可能是他少數沒看完的書。「何必呢？我懷疑那是喬伊斯開的一個小玩笑；別人硬要把它說得很了不起，他也默默接受。偽知識分子說到他們最喜歡的書，總喜歡拋出《尤里西斯》這個名字。我拒絕受知識分子的恐嚇，被迫讀完這本書。」

奈特對梭羅的鄙夷永無止境，認為他「對自然沒有深刻的洞見」，但愛默生（Ralph Waldo Emerson）還可以接受。「『人』這種東西應該少量服用。」愛默生說：「沒有什麼能帶給你平靜，除了你自己。」奈特也讀了《道德經》，對箇中內容有深刻的共鳴，裡面有句：「善行無轍跡。」

羅伯・佛洛斯特（Robert Frost）則得到了負評。奈特說：「我很高興他的名聲沒那麼大了。」他還說衛生紙用完時，有時候他會撕約翰・葛里遜（John Grisham，譯註：美國暢銷小說家，律師出身，擅長寫法庭推理）的小說來用。他提到他也不喜歡傑克・凱魯亞克（Jack Kerouac，譯註：美國「垮世代」的代表小說家），但其實並不盡然。「我不喜歡那些喜歡凱魯亞克的人。」他澄清。

奈特偷了手提式收音機和耳機，每天都聽廣播；人聲透過無線電波傳來，也算另一種存在。有一陣子他很迷廣播脫口秀，聽了很多拉什・林博（Rush Limbaugh）的節目，但堅稱：「我沒說我喜歡他，只說我聽他的節目。」奈特的政治立場傾向「保守，但並非共和黨員」。他有點多此一舉地說：「我算是孤立主義者吧。」

後來，他迷上了古典樂。布拉姆斯和柴可夫斯基他都喜歡，巴哈就不行，因為「巴哈太純淨」。柴可夫斯基的《黑桃皇后》對他來說是天籟，但他對經典搖滾的熱愛永恆不變，何許人合唱團（the Who）、AC/DC、猶太祭司（Judas Priest）、齊柏林飛船（Led Zeppelin）、深紫色（Deep Purple）都是他的愛團，但他最愛的還是林納・史金納（Lynyrd Skynyrd）搖滾樂團。世界上沒有其他事物比林納・史金納更讓奈特讚嘆。「過一千年，這世界還是會播放林納・史金納的歌。」

有次行竊，他偷了一台松下的五吋黑白電視，所以他才會需要那麼多汽車和船用電池——好讓電視轉動。奈特很擅長用串聯或並聯的方式把電池接起來。他還偷了一架天線，並把它藏在高高的樹梢上。

他說美國公共電視網的節目，都是「精心製作給有大學文憑的自由派嬰兒潮世代看的」。但他在森林裡看過最好的節目也是公共電視網的節目，那就是肯．伯恩斯（Ken Burns）執導的紀錄片《南北戰爭》（*The Civil War*）；他還可以一字不差地背出某些片段。「我還記得蘇利文．巴魯（Sullivan Ballou）寫給他太太的信。」奈特說：「那一段我哭了。」巴魯是北部聯邦的一名少校，他在一八六一年七月十四日寫信給妻子莎拉（Sarah），但信尚未送達，他就在第一次奔牛河之戰中殉職。信中提到他對兒女「無盡的愛」，還有他的心「以堅固的纜繩」跟妻子綁在一起，「除了萬能的上帝，沒有任何力量能將之斬斷。」這種描述人與人緊緊相繫的用語讓奈特感動到流淚，即使他自己沒有追求的衝動。

奈特知道發生了哪些國際政治和事件，卻很少有反應。所有事對他來說都像遙遠彼方發生的事。二〇〇一年九月十一日之後，他用光了所有電池，從此不再看電視。「反正車用電池笨重又難偷。」他說。他將電池改用來固定營繩。後來，他偷了一台可以接收電視音訊的收音機，便改用收音機聽電視節目，他稱之為「腦中的劇場」。他最愛「聽」的電視節目有《歡樂單身派對》（*Seinfeld*）和《大家都愛雷蒙》（*Everybody Loves Raymond*，譯註：兩齣都是美國一九九〇年代前後播出的情境喜劇）。

「我不是沒有幽默感。」奈特說：「只是不喜歡笑話。佛洛伊德說，沒有笑話這回事，笑話其實是掩飾過的敵意。」他最喜歡的喜劇演員有馬克思兄弟（Marx Brothers）、三個臭皮匠（the Three Stooges），還有喬治．卡林（George Carlin）。他最後一次進電影院，是去看一九八四年的喜劇片《魔鬼剋星》（*Ghostbusters*）。

他從來不會特地收聽體育賽事。體育讓他覺得無聊，什麼運動都一樣。至於新聞，奧古斯塔近郊的WTOS電台（又稱純石山脈）準點節目開頭，都有五分鐘的新聞快報。此外，他說他有時也收聽魁北克的法語新聞電台。他不會說法文，但大半聽得懂。

他喜歡掌上型遊樂器。他的原則是只偷老舊的機型，他不想拿走小孩的新玩具，反正再過幾年那些就是他的了。他喜歡神奇寶貝、俄羅斯方塊和打氣人。「我喜歡需要思考和策略的遊戲，不喜歡射擊類遊戲，也不喜歡不用腦袋一直重複的遊戲。」數獨機很棒，雜誌的填字遊戲他也愛，但他從不偷撲克牌回來打單人牌，也不喜歡西洋棋。「西洋棋太過平面，以遊戲來說太侷限。」他說。

他從不創作，說他「不是那種人」，也從不在營地以外的地方過夜。「我沒有旅行的渴望。看書就是我的旅行。」他甚至沒看過緬因州著名的海岸風光。他說他私底下不會喃喃自語，完全不會。「你指的是典型的隱士舉止是嗎？沒有，從來沒有。」

他從未考慮寫日記。他絕不允許任何人讀到他內心的想法，所以不會冒險把它寫下來。「我寧願帶到墳墓裡。」他說。再說，誰說日記上寫的就是真話？「要不是用很多事實來隱瞞一個謊言。」他說：「就是用很多謊言來隱瞞一個事實。」

奈特嫉惡如仇的一面讓人印象深刻。他的帳篷底下雖然埋了很多《國家地理》雜誌，他卻很鄙視這份雜誌。「我連偷都不想偷。」他說：「只有迫不得已才會拿來看。它們只適合拿來埋在土裡，那些光滑的封面很久都不會腐爛。」

他對《國家地理》雜誌的厭惡源自少年時代。讀高中時，有天他在某一期《國家地理》雜誌上，偶然看見一張祕魯牧羊少年站在路邊哭泣的照片。男孩後面躺著多隻死羊，都是他趕羊過馬路時不小心被車撞死的。這張照片後來重新刊印在《國家地理》雜誌的精選人物照片集中。

奈特為此很火大。「那張照片代表男孩的莫大恥辱，他們竟然把它公諸於世。他辜負了把照顧羊群的責任交付給他的家人。讓全世界看到一個小男孩的失敗，實在很可惡。」

事隔三十年，奈特說起那張照片還是很激動。看來恥辱對人造成的傷害，他很能感同身受。

遁入森林之前，他是不是做過什麼讓他深感屈辱的事？他堅稱沒有。

奈特對大城市極度厭惡，認為裡頭充滿無助的知識分子，都是些擁有多個學位卻連汽車機油都不會換的人。不過，他說鄉村也並非就是桃花源。「不要美化鄉村。」他說，接著引用《共產主義宣言》第一章出現的一句話：逃離「鄉村生活的愚昧無知」。

他大方承認，有幾間小木屋因為是《花花公子》的訂戶，所以很吸引人，讓他忍不住好奇。出走當年他才二十歲，從來沒約會過。他想像找到心愛的人應該就像釣魚。「進了森林之後，我沒有再跟人接觸，所以沒有裝了魚餌的釣竿引我上鉤。我是一條沒被捕到的大魚。」

有一本書，奈特從未丟進垃圾場掩埋或收進塑膠盒。他把《特異之人》（*Very Special People*）放在帳篷裡。書中介紹了世界各地的怪胎，包括象人、侏儒拇指將軍、狗臉男孩、暹羅連體嬰雙胞胎，還有好幾百名雜耍藝人。奈特常覺得自己就像那些馬戲團怪胎，至少內心世界是如此。

「如果你生來就是個怪胎。」《特異之人》的序章寫道：「從嬰兒時期開始，終其一生，你每天都會被迫意識到一件事：自己跟別人不一樣。」長大之後依舊，甚至可能更糟。「你或許可以逃離這世界，」書上建議：「好躲避世間對身心異於常人者的懲罰。」

奈特說，在這麼多書裡面，有一本小說在他心中激起少有的毛骨悚然之感，作者彷彿橫越時空，直接對他說話。那就是杜斯妥也夫斯基的《地下室手記》。「我在主角身上看見自己。」他指的是小說中憤世嫉俗、唾棄人世、獨居約二十載的敘述者。書一開頭就說：「我有病。我是個滿懷憤恨的人。我是個不討喜的人。」

奈特雖然也免不了自我貶損，但是常被一股強烈的驕傲和時而浮現的一絲優越感沖淡。《地下室手記》裡那位不知名的敘述者也是一樣。在最後一頁，他一改卑微姿態，直陳內心的感受：「我把我的生命推到極致，而你甚至連一半都不敢嘗試。你把自己的懦弱看作通曉事理，從自我欺騙中撈取安慰。所以說到底，或許你比我還槁木死灰。」

17

奈特空閒時最常做的事不是看書或聽廣播。他最常做的事是什麼都不做，靜靜坐在桶子或草坪椅上沉思。不誦經，不念咒，也不盤腿。他稱之為「做白日夢、冥想、思考，思考我想思考的任何事」。

他從不覺得無聊。他說他甚至不確定自己是否理解「無聊」這個概念。那只適用於隨時覺得自己該做點什麼的人，而據他觀察，大多數人都是如此。中國古代的隱士瞭解「無為」（什麼都不做）在生命中不可或缺，而奈特相信這世界離「無為」的境界還差得遠。

奈特的「無為」還有另一個面向。他稱之為「觀察自然」，但他對此形容並不滿意，因為「聽起來太迪士尼」。奈特進一步解釋，自然是殘酷的。弱者難以生存，強者也一樣。生命是一場持續不斷的無情搏鬥，沒有誰是贏家。

從他住的林中空地看出去，每條視線都很短。他聽到的遠比看到的多，這些年來聽力也愈來愈敏銳。他的四周就是季節遞嬗的原聲帶。春天有野生火雞（母的喔喔叫，公的咯咯叫）和唧唧咂咂的青蛙。「你會誤以為是蟋蟀，其實是青蛙。」他說。到了夏天，換野鳥合唱團上場，早晚都有表演，搭配湖面上的轟轟汽艇聲。對奈特來說，汽艇聲最能代表人類玩樂的聲音。

秋天則會聽到披肩松雞咚咚振翅求偶的聲音，還有野鹿走過枯葉，有如「踩在玉米片」上。冬天，湖面傳來冰塊轟隆隆的爆裂聲，聽起來就像保齡球滾下球道一般。

狂風暴雨會把所有聲音吞沒。一連三、四天之後，奈特漸漸習慣了狂風吹襲的聲音。風一停，周圍的寂靜反而令人陌生。有時大雨磅礴，雷電交加，奈特承認閃電打得很近的時候，他也會害怕。「我喜歡下雨，但我還保有某種程度的孩子氣，所以不喜歡大雷雨。」

有些年他看到不少鹿，有些年又完全沒有。偶爾，他會看見駝鹿，有一次還看到美洲獅的背影，但從沒看過熊。兔子時多時少，要不很多，要不很少。老鼠很大膽，就算他躺在帳篷裡都敢跑進來，爬上他的靴子。他從沒想過要養寵物，因為「我不能讓自己有天必須面臨跟寵物搶食物、而我說不定得吃掉寵物的窘境」。

他最親密的伙伴或許是一朵蘑菇。奈特住的這片林地遍布蘑菇，但這株層架型蘑菇剛好從他營地最大的一棵鐵杉樹幹上冒出來，高度及膝。他從它的傘帽跟錶面差不多大的時候就開始觀察。它慢悠悠地長，整個冬天都像戴著聖誕老公公的雪帽，經過數十年終於長到跟盤子一樣大，上面有黑、灰兩色的條紋。

這株蘑菇對奈特意義非凡。被捕之後，他關心的少數幾件事之一，就是警方夷平他的營地時，有沒有將之打落。得知蘑菇還在原地時，他很欣慰。

即使是天氣暖和的月份，奈特也很少在白天離開營地，但每年夏天的尾巴是個例外。這時候來度假的屋主紛紛離去，蚊蟲也漸漸減少，奈特會展開短短的徒步之旅。有幾片風景如畫的樹林他很喜歡造訪，簡直是天然的禪園。一座是稀疏的白樺林，樹幹如紙，氣氛鬼魅；另一座是茂密的白楊林，風一吹，樹枝就會隨之顫動。他會在北湖沿岸幾個對他有如小沙灘的沙洲上，消磨一些時間。「有時候，我會熬夜不睡覺。」他說：「聽著ＡＭ頻道某個瘋狂的廣播脫口秀，趕在天亮之前健行到山上的空地，看著底下山谷的霧聚攏在一起。」

秋葉之美毋庸置疑，跟巧克力一樣討人喜愛，但奈特認為樹葉落盡才是森林最美的時候。他喜歡枝幹光禿禿的枯瘦模樣。「我看了太多維多利亞時代的小說，都是些貼有藏書票的舊書和二手書，上面印的一律是光禿禿的樹木，傳達一種失落和恐怖臨頭的感覺。」

他從不慶祝生日、聖誕節或任何人類的節日，通常不知道現在是幾月幾日，除非剛好在廣播上聽到。每隔一段時間他會看到極光，粉紅色和綠色的光像翻騰的簾幔從天而降。如果新聞說有月蝕，他會走去一片空曠的草地觀看。他從晝夜的流逝就能感覺冬至和夏至的到來，春分和秋分也是，但不會特別慶祝。「我不唱歌，不跳舞，不祭祀。」

奈特特別喜歡七月四日前後。他不看煙火表演，卻很享受專屬於他自己的表演。「那時候是螢火蟲最多的季節，我認為那有種詩意上的對應，我想約翰・亞當斯（John Adams，譯註：美國開國元勳及第二任總統）應該也會同意。提議在七月四日這天放煙火的人，不就是他嗎？」

奈特似乎可以立刻想起以往讀過或看過的東西，但他堅持自己沒有過目不忘的能力，只是剛好都記得。「亞當斯和哲斐遜都死於一八二六年七月四日。」他又說。他懷疑資訊氾濫和噪音穿腦的現代社會只會讓我們愈變愈笨。「我沒有被資訊淹沒。」他說：「我『吃得』很節制，實際上和象徵意義上都是。」尼可拉斯・卡爾（Nicholas Carr）的著作《網路讓我們變笨》（*The Shallows*）研究網路對人類大腦的影響，他指出網路持續削弱我們的「專注力和思考力」。

根據世界各地進行的多項研究，奈特的營地（一片享有自然寧靜的綠洲）或許是激發大腦發揮最大功能的理想地點。這些研究調查了住在寧靜地區和喧鬧環境中的差異，最後的結論都是：噪音和注意力分散對人類有害。

環境噪音最教人無可奈何的是，你無法忽略它，人體結構就是會對噪音產生反應。「內建」在我們中耳裡的一連串細小骨頭（錘骨、砧骨、鐙骨）會因聲波而產生振動，這些振動再轉成電流訊息，直接傳到我們的腦皮質聽覺區。

身體收到訊息會馬上反應，即使在睡夢中也是。城市居民的壓力賀爾蒙長期過高，這種體內分泌的激素（尤其是皮質醇）會導致血壓升高，造成心臟疾病和細胞受損。噪音不但傷身，也會傷神。英文 noise（噪音）一字就是從拉丁文的 nausea（生病、不適）演變而來的。

想要改善這種狀況並不需要大量安靜的時間，甚至不需要獨處，但必須找到一個可以撫平心情的環境，而且次數不能太少。日本千葉大學的研究人員發現，每天在林中散步十五分鐘可讓皮質醇大幅降低，血壓和心跳也會稍降。生理學家認為，我們的身體之所以能在寂靜的自然環境中放鬆下來，原因在於人類就是在大自然中演化而成的；我們的感官在草原和森林裡發展成熟，逐漸也跟自然界相互契合。

杜克大學的再生生物學家伊姆克．科斯特（Imke Kirste）利用老鼠做實驗。他發現，人每天兩個小時在全然的寂靜中度過，可以刺激海馬迴的細胞再生，而海馬迴剛好就是大腦掌管記憶的部分。美國、英國、荷蘭和加拿大都有研究指出，在寧靜的鄉間待一段時間，會讓人心情更平穩，感覺更靈敏，沮喪和焦慮程度降低，認知力和記憶力變強。換句話說，置身於寂靜的大自然裡讓人更加聰明。

對奈特來說，夏末熱浪來襲的某個週間最能代表寧靜的生活。這時候，幾乎每棟小木屋都空了。這樣的機會每年大概會有一次。他會趁機在深夜離開帳篷，步行到樹木戛然而止的地方，粼粼湖水就在他面前蕩漾。接著，他會脫掉衣服，泡進水裡。湖面曬了一天的陽光，幾乎像洗澡水一般溫熱。「我會在水裡張開四肢。」他說：「浮躺在水面上，仰望星星。」

18

奈特唯一不偷的書就是他最常看見的一本書。「我不需要聖經。」他說。奈特來自新教徒家庭，但小時候沒有上教堂的習慣，儘管聖經從頭到尾他都讀過。「我沒有宗教信仰，至少我不會稱之為信仰。現在我會說自己比較傾向多神論，而非一神論。我相信世界上有掌管不同事物的神。那些神的名字我不知道，我也不特別相信這些神之中有某個大神。」不過，他是斯多噶學派的信徒，奉行禁欲主義。斯多噶學派屬於古希臘哲學的一派，創於西元前三世紀，繼承了蘇格拉底的思想，主張自制以及與自然和諧共存才能活得高尚，各種苦難都要甘之如飴，不應抱怨。激情應該屈服於理性，而情感會讓人誤入歧途。

「在森林裡沒人可以聽我抱怨，所以我沒有抱怨。」奈特說。

奈特不信神，但是他似乎相當崇拜蘇格拉底。蘇格拉底生於西元前四六九年，本身雖非隱士，卻很提倡這種生活方式，說不定還說過「悠閒就是他最重要的資產」這樣的話。

「小心忙碌生活的荒蕪貧瘠。」這句名言據說出自他口。他走到哪裡都光著腳，只吃最劣質的肉，似乎沒有什麼事能讓他煩心。最後他因為信仰不誠及宣揚異端邪說被判死刑，喝下毒堇汁而死。蘇格拉底留給世人一個教訓：人不是靠滿足所有欲望，而是靠消除欲望才得到自由。

在森林裡面臨生死存亡的挑戰時，奈特沒有情緒失控，仍然保有斯多噶學派的冷靜沉著。他強調自己不曾向更強大的力量禱告，只有一個例外。當緬因州最惡劣的嚴冬來襲時，所有的規則暫時擱置。「一旦氣溫降到零下二十度，你就刻意不再思考。好像散兵坑內沒有無神主義者一樣，零下二十度也是。那個時候，你自然有了信仰，也會禱告。你會祈求神讓身體暖和起來。」

奈特所有的生存策略都以捱過寒冬為目標。每年冬天逼近，小木屋紛紛關閉之際，屋裡通常會剩下一些食物，這是奈特的行竊高峰期，整晚不得閒。「這是我最忙碌的時候。是收割的季節，也是一種很古老的本能。雖然通常我們不會把它跟犯罪聯想在一起。」

到了冬天，他的第一個目標是增胖。這是攸關生死的必要條件，周圍所有的哺乳動物，從老鼠到駝鹿，都有同樣的基本目標。所以他拚命把甜食和酒精往肚裡塞，那是增肥最快的方法，而且他喜歡喝醉的感覺。從他偷的酒可以猜到他從沒上過酒吧（他也承認），例如咖啡白蘭地、草莓雞尾酒、椰子萊姆酒，還有一款混合了巧克力、打發鮮奶油和紅酒的酒精飲料。

他在大塑膠盒裡裝滿不易腐壞的食物，準備好偷來的禦寒衣物和睡袋，並囤積許多瓦斯桶。他從小木屋的戶外烤肉架繞過大小北湖，一路將圓滾滾的白色瓦斯桶拖回來。瓦斯對他來說不可或缺，但不是為了煮飯（吃冷食也能攝取到營養），也不是為了保暖（在帳篷裡開瓦斯會一氧化碳中毒），而是為了融化冰雪作為飲用水。這件事很費燃料，所以奈特每年冬天都要用上十桶瓦斯。每用完一桶，他就會把瓦斯桶埋在營地附近。空瓦斯桶他從不歸還。

收集食物的過程就是一場跟天氣的賽跑。第一場大雪通常在十一月到來，這時所有行動都會暫停。在雪地裡移動一定會留下足跡，而奈特絕不會冒這個險。所以接下來六個月，一直到春雪融化，他幾乎不會離開營地。在理想的狀況下，他一整個冬天都會待在營地裡。

為了抵抗寒冬，奈特會把鬍子留到大約一吋長，厚到足以隔絕低溫，又不至於結冰。夏天大多數時候，他都會用偷來的刹鬍膏把鬍子刮乾淨，以保持涼爽，除了蚊子最猖獗的季節，因為鬍子是天然的蚊帳。緬因州中部的小黑蚊可以多到單單呼吸就不免吸進幾隻，而且只要伸手去打，手指會沾滿自己的血。許多北湖當地人都覺得蚊蟲高峰季比嚴酷的寒冬更難熬。

蚊蟲變少之後，奈特又會開始刮鬍子，直到狂風呼嘯的秋末才又留起鬍子，因為鬍子也可以擋風。至於頭髮，他比較簡單隨性。一年有幾次，他會用剪刀和拋棄式刮鬍刀把頭髮剃光。在林中生活期間，奈特的外表從來不符合不修邊幅、蓬頭垢面的典型隱士形象。直到關進牢裡、不再是隱士之後，他才看起來像隱士。這是他對世界開的一個玩笑。

一般人以為奈特冬天都在睡覺，像動物一樣冬眠，其實不然。「冬天睡太久很危險。」他說。他一定要確實掌握外面的溫度。因為腦袋有這種需求，所以營地裡隨時備有水銀、電子和彈簧式三種溫度計。他無法信任單一一支溫度計，多幾支相互對照，他才安心。

嚴寒來襲時，晚上七點半他就會上床睡覺。先把自己包進一層又一層的睡袋裡，再用綁繩固定住腳，以免睡袋滑掉。如果要尿尿，把自己解開太麻煩，他會尿在一個蓋子夠牢的寬口罐裡。但無論怎麼試，腳還是很難保持溫暖。「厚襪子、很多層襪子、雪靴內襯，我都試過了。薄襪子也試過，想說按照連指手套的理論，讓腳趾頭靠在一起比較好，但還是找不到完美的解決方式。」儘管如此，他並沒有因為凍傷而失去腳趾頭或手指頭。在床上躺好之後，他會睡上六個半小時，凌晨兩點就起床。

這麼早起是為了在半夜最冷的時候保持清醒。氣溫低到一定程度之後，不管他把自己包得多緊，只要在床上躺太久，身體散發的水氣一旦凝結，就可能讓睡袋結冰。這麼一來，體內的核心溫度會急遽下降，刺骨的寒意會慢慢侵入體內，麻痺他的身體，讓他神智不清。先從手腳開始，然後像軍隊一般往心臟進攻。「如果在那種低溫下一路昏睡，可能永遠醒不來。」

凌晨兩點醒來後，他第一件事就是轉開爐子融化冰雪。為了促進血液循環，他會繞著營地走路。「走出帳篷，左轉走十五步，再左轉走八步到我的冬季廁所，上完廁所再走二十步回來。一個大三角形。再繞一次，然後再一次。我喜歡走來走去。」他會把睡袋晾乾，讓裡頭的水分散掉。只要是酷寒的夜晚，他都這麼做，持續了四分之一個世紀。要是下了雪，他就去鏟雪，把雪堆到營地周邊，直到四周愈來愈高的雪堆把他擋在裡面。

雙腳似乎永遠無法解凍，但只要身邊有乾淨的襪子他就不擔心。保持乾燥比保持溫暖更重要。天亮時，一天要用的水準備好了。這時無論多想鑽回被窩他都會忍住。他有超強的自制力。在他的認知裡，小睡片刻是不允許的，這樣晚上才能有深沉酣暢的睡眠。

冬天有時候他會特別不安，感覺自己無所遁形。雖然周圍的人變少，但樹葉都掉光，提高了營地被發現的機率。他有自己的一套警報系統；除了他，沒人能走進這片林地而不發出聲音，所以有人接近他一定知道。此外，他也做好逃跑的準備。如果有人接近，奈特打算躲進更深的樹林裡，以免與人對峙。

他在離營地不遠的地方準備了他所謂的「第二窟」。他把東西埋在土裡，用樹枝和葉子藏得好好的，一般人走過去可能完全沒發現。土裡埋了兩個金屬垃圾桶和一個塑膠盒；裡頭是露營用具和禦寒衣物，能讓他在有人發現這裡時放棄這片營地，到別的地方重新開始。無論如何，什麼都動搖不了他離群索居的決心。

19

奈特很在意別人把他看作瘋子。「大家把瘋子的標籤往我身上貼。」他不避諱地說：「我知道我選擇了一種很不尋常的生活方式。但是『瘋子』這個標籤困擾我，也讓我生氣，因為我無從回應。」奈特感嘆道，如果有人問你是不是瘋了，你回答「是」就表示你瘋了，你回答「沒有」彷彿在為自己辯護，很怕自己真的瘋了。怎麼回答都不對。

真要說的話，在斯多噶學派的偉大傳統下，奈特認為自己的腦袋清楚得很，恰恰跟瘋狂相反。得知有些當地人認為他把一捆捆雜誌埋在地下的行為很古怪，他相當氣憤。他說他在林中所做的一切都是有理由的。「他們不瞭解背後的原因，只看見表面的荒誕可笑。我有我的策略跟長程計畫。他們不瞭解是因為我沒有出面解釋。」那一捆捆的雜誌是把書刊回收再利用，當作地板，很合乎實際。

奈特甚至可能認為自己是世上少數腦袋清醒的人。他不懂為什麼一般人可以把青春年華耗在小隔間裡，整天面對電腦以換取金錢，卻要干擾在森林裡搭起帳篷悠閒度日的人。觀察樹木就是好逸惡勞，砍伐樹木就是積極進取。奈特以什麼維生？以生活維生！

奈特堅持不該把他的出走解釋成對現代生活的批判。「我沒有要評判社會或我自己的意思，我只是選擇了一條不同的路。」但是他在樹林間看見了人類百態：人購買無止無盡的東西，對地球受到的破壞視而不見，所有人都被無數小螢幕上「那些色彩繽紛的不值錢東西」催眠，變得麻木無感，他看了只覺得反感。奈特暗中觀察著現代人的生活，對那種平庸無趣的日子敬謝不敏。

榮格說，只有內向者才能看到「人類深不見底的愚昧」。尼采則說：「人群無論在哪裡，都是惡臭的來源。」奈特的同好梭羅相信，每個社會無論多麼立意良善，終究都會腐化人民。沙特寫道：「他人即地獄。」

奈特彷彿在說，或許該問的不是為什麼有人要遠離社會，而是為什麼有人想留下來。曾有隱士對孔子的門生說：「滔滔者天下皆是也，而誰以易之。且而與其從避人之士也，豈若從避世之士哉？」（譯註：大意是說，天下大亂，誰能改變眼前局面？與其跟大家一起逃避壞人，不如跟我們一樣逃避亂世。）印度哲學家克里希那穆提（Jiddu Krishnamurti）有句名言：「在病態的社會中適應良好，並非衡量健康的標準。」

Hermitary網站收集了各種與隱士相關的資料。上面貼了某位嚮往孤寂生活的作者的一系列文章。他自稱是無家可歸的流浪者，筆名為S。他寫道：「人類社會長久以來都是個道德敗壞、暴力充斥的瘋人院。」犯罪、墮落、病態、環境敗壞無止境地循環。遏止消費的方法永遠是更多的消費，社會上也缺乏在人類和自然之間取得平衡的機制。人類說穿了其實就只是動物。S的結論非常決絕：「活在人類社會和參與其中**就是**瘋了，**就是**在犯罪。」他繼續寫道，除非你是隱士，徹底脫離社會，不然多少都要背負摧毀世界的責任。

奈特被捕之後，緬因州聘請了心理學家來評估奈特的精神狀況。根據呈給法庭的文件，當局判定奈特「心智健全」，同時還提供另外三種診斷：亞斯伯格症、憂鬱症，以及分裂型人格疾患。

亞斯伯格症會出現並不令人驚訝。有一陣子，每個聰明、內向又特立獨行的人都會輕易被貼上這個標籤，從西洋棋王巴比・費雪（Bobby Fischer）到比爾・蓋茲（Bill Gates）都是；甚至很多偉人也多少被歸於此類，包括牛頓、愛倫・坡（Edgar Allan Poe）、米開朗基羅和吳爾芙（Virginia Woolf）。牛頓有嚴重的交友障礙，很可能終身未婚。愛倫・坡在〈孤獨〉（Alone）一詩中寫道：「我深愛的一切——只能獨自領略。」據說米開朗基羅寫過：「我什麼朋友都沒有，也不想要有。」吳爾芙最後選擇自殺。

過去，亞斯伯格症被視為自閉症的一種，得名於奧地利小兒科醫生漢斯・亞斯伯格（Hans Asperger）。他在一九四〇年代首度發現並記錄了自閉症。著述豐富的神經學家奧利佛・薩克斯（Oliver Sacks）認為，亞斯伯格不同於其他早期的研究者，他認為自閉症患者可能具備有益身心的天分，尤其是他所謂「過人的創新想法」。這些想法通常未經文化過濾或反覆琢磨，既純真又出色，不怕捕捉離經叛道的概念。薩克斯觀察的每位自閉症病患，幾乎都是獨處時最快樂。autism 一字源自希臘文 autos，原意為「自我」。

澳洲心理學家及亞斯伯格症專家東尼・艾伍德（Tony Attwood）寫道：「要治癒亞斯伯格症很簡單。」只要讓患者獨處就可以了。「獨自一人就不會有社交障礙。獨自一人就不會有溝通問題。所有診斷標準在孤獨的情境下都自動瓦解。」

如今，亞斯伯格症不再是一種疾病類別。過去的診斷標準不一，目前第五版的《精神疾病診斷與統計手冊》（*Diagnostic and Statistical Manual of Mental Disorders*）重新釐清標準，把亞斯伯格症置於「泛自閉症障礙」（autism spectrum disorder, ASD）這個類別下。

我們無法確定奈特是否屬於此類病患。共有六位自閉症專家和臨床心理學家檢視過奈特的病例。他們都說要當面見過病人才能做出準確的診斷，但願意提供各自的看法。克利夫蘭醫學機構的自閉症中心主任湯瑪斯・福雷澤（Thomas W. Frazier）認為，奈特「很明顯」

有自閉症傾向，尤其是無法跟人眼神接觸、感官敏感、沒有朋友這幾點。自閉症有遺傳的成分，奈特家又過著安靜隱蔽的生活，因此他可能屬於泛自閉症顯性人格。

南非神經科學家亨利·馬克拉姆（Henry Markram）自己的兒子也有自閉症。他用他稱為「激化世界」（intense world）的理論來解釋此病。根據他的說法，大多數人都會自動忽略周圍的動態、聲音和光線，但對自閉症患者來說，那就像無止境的騷擾，彷彿每天都要重遊一次人聲鼎沸的時代廣場。自閉症患者接收太多資訊，學得太快，不只被自己的情緒、也被別人的情緒壓得喘不過氣。看著一個人的臉對他們可能像盯著閃光燈看；嘎吱響的床墊彈簧在他們聽來可能像指甲刮過黑板。馬克拉姆認為，為了保持心情平穩，自閉症患者必須盡可能約束自己的生活，奮力把注意力集中在細節和重複的動作上。

奧利佛·薩克斯則說，自閉症患者為了適應「排山倒海的感官轟炸」，往往必須創造一個自己的世界，一個平靜且秩序井然的世界。有些自閉症患者在耳朵裡創造了這樣的世界，奈特則是選在樹林間。

然而，聖地牙哥自閉症研究所的主任史蒂芬·艾德爾森（Stephen M. Edelson）則認為，奈特的行為看似自閉症，卻還不到泛自閉症障礙的程度。他相信只要有機會見到奈特本人，經驗豐富的醫生很少會認為奈特患有自閉症。奈特有能力規畫和調整自己的生活，而且獨自生活那麼久，未接受治療也能存活至今，這在自閉症患者身上十分少見。

紐約康乃爾大學威爾醫學院的心理學教授凱薩琳．羅德（Catherine Lord）表示，即使是她遇過最嚴重的自閉症患者，無論是大人還是小孩，日常生活中多半都有他們喜歡陪伴在身邊的人。很多自閉症患者渴望與人接觸和擁抱，只是不會拿捏適當的時機。在紐約執業的臨床心理學家彼得．德利（Peter Deri）說：「他展現的每一種自閉症特質，同時都有相反的特質。自閉症患者不會偷竊，不會去做犯法的事。」此外，奈特也沒有典型自閉症患者會有的重複性動作或反反覆覆的說話方式。

當局雇用的心理學家對奈特的另一個診斷是分裂型人格障礙。這跟精神分裂症不同。精神分裂症患者通常會跟現實脫節，出現幻覺或幻想；分裂型人格障礙比較類似自閉症，兩類患者都缺少親密的人際互動，擅長邏輯思考。不同的是，自閉症患者通常想交朋友，只是人際互動對他們來說太複雜難懂。相反地，分裂型人格障礙患者喜歡獨處，對他人缺乏興趣，連性方面也是。他們理解社會規範，但拒絕照著社會規範走，對他人漠不關心。哈佛大學臨床心理學程主任姬兒．胡利（Jill Hooley）認為，奈特的行為很多都符合分裂型人格障礙的特點。

奈特有些行為跟分裂型人格障礙患者一致，但並非全部。對人缺乏興趣這一點，確實很像分裂型人格障礙，但無法跟他人自然互動以及對感官刺激特別敏感，又屬於典型的自閉症症狀。「大家都想給奈特貼標籤。」彼得．德利說：「他是憂鬱症？精神分裂症？躁鬱症？還是亞斯伯格症？」

也許是大腦異常——杏仁核受損？欠缺催產素？腦內啡失衡？艾德爾森先是列出好幾種症候群，最後乾脆放棄，開玩笑說：「我診斷他患有隱士症。」

「任何一種診斷都無法解釋所有的事。」德利說：「這傢伙的複雜程度讓人困惑，怎麼診斷似乎都有切入點。要實踐這樣的生活，工程太浩大了，實在不可思議。奈特就像一張羅夏墨跡卡，每個人都可以把自己的認知投射到他身上。」

奈特對這些診斷的興趣不大。「我在牢裡才聽說亞斯伯格症。那不過是貼在某些行為上的一種標籤。」他承認接受治療對他或許有幫助，但也堅持所有診斷都不能當作他洗脫罪名的藉口。他說目前他沒有服用任何藥物。

「我不想站在受害者的角色，那不符合我的本性。從我得到的資訊來看，我對那些診斷也無能為力。我不覺得自己能為亞斯伯格症的電視馬拉松募款當代言人。現在還有電視馬拉松募款嗎？我討厭傑利．路易斯（Jerry Lewis，譯註：美國喜劇演員，一九六六年開設電視慈善募款節目，此類募款節目因時間長達多個小時甚至幾天，故稱電視馬拉松）。」

20

北湖的小木屋屋主大部分對奈特有全然不同的「診斷」。他們認為奈特不只是小偷，也是騙子。

「他說的不可能是實話。」弗來德．金恩（Fred King）說，他家丟過一個糖罐子，後來朋友就叫他「糖罐子」。「我可以罵髒話嗎？」金恩問，既粗魯又有禮，緬因人的典型特質。「媽的這傢伙不可能是隱士。我常往戶外跑，可以直截了當告訴你：絕不可能！我百分之一千肯定。冬天這裡隨便都是零度以下。一定有家人幫他或有其他人收留他。要不他就是躲進空屋，等冬天過去才出來。」

有些人拒絕相信奈特從來不需要看醫生。也有人說，食物儲存在森林裡難免會引來浣熊和土狼，把帳篷拆了都有可能。幾名當地居民也納悶，如果奈特真的那麼久沒開口說話，怎麼可能還記得那麼多字彙，聲帶也運作正常？有位居民指出，有條叫作「奈特巷」的路離他的營地不遠，跟他同姓的一戶人家在那裡住了一輩子，很可能跟奈特有親戚關係。他們一定給了他一些幫助。再說，假如奈特真的都露宿野外，一九九八年的那場超級冰風暴一定會凍死他。

松樹營地的職員史帝夫．特拉威觀察了警察偵訊奈特和拆除其營地的過程。他說：「他營地的東西都有股臭味，但他身上完全沒有異味。他不可能住在森林裡，他的說詞沒通過『嗅覺測試』（譯註：雙關語，smell test 指用直覺判斷事情真僞，這裡也採用其字面意義）。」

數十位北湖的夏季居民提供了他們對奈特的看法，其中約有八成的人堅持他在說謊。大家的看法一面倒，唯一能求證的方法就是直接問本人。他真的獨居森林二十七年嗎？是不是接受過別人的幫助？或到小屋裡度過寒冬？至少用過別人家的浴室吧？

面對這些質疑，奈特的態度堅定也有點生氣。除了最初幾個禮拜有一晚睡在屋簷下，之後就沒有了。「我沒接受過任何人的幫助，從來沒有。」他沒跟家人聯絡，沒沖澡，沒在床上小睡，甚至在別人家沙發上躺一分鐘都沒有。四分之一個世紀以來，他第一次使用真正的廁所是在肯納貝克郡立監獄。坐在警車後座被送往監獄，是他丟棄那台速霸陸之後第一次坐車。「我是小偷，我引起了恐慌。大家有權利對我生氣，但我沒有說謊。」

奈特似乎是個有話直說的人，幾乎不會說謊，不少人也同意這點。州警黛安．汎思說，她的工作很大一部分就是從一堆謊言中找出真相，但她不認為奈特在說謊。「我毫不懷疑他說的是真話。」她說。休斯警官也有同感：「我相信他一直以來都住在外面。」

沒有有力的證據足以證明奈特曾在森林以外的地方過夜，除了他承認的那一次（這也證明他所言不假）。他說他不需要看醫生，是因為他沒有暴露在細菌下。他把食物密封在塑膠盒裡，而且幾乎所有時間他都待在營地；大型動物通常不會接近有人的地方。

奈特被捕時，漫長的冬季正好接近尾聲，他只剩下一套乾淨衣服，到了該洗衣服的時間。即使在寒冬，他也會用海綿擦澡，讓身體保持乾淨。如果偷得到，他偏愛洗車的黃色大海綿，也常使用沐浴乳和體香劑。他說話沒問題，是因為聲帶基本上不會因為久未使用就萎縮，而且負責造出複雜句子的不是嘴巴，而是大腦，他的大腦完全運作正常，只是異於常人。他完全不知道有戶跟他同姓的人家住附近，跟他們也沒有親戚關係；而「奈特」在緬因州是常見的姓氏。

他寧可遇到**多一點**超級冰風暴。「冰接近液體；真正會凍死人的寒冬，水全部結凍，一點液體也不剩。那次冰風暴才零下兩度，開車是很危險沒錯，對我倒是很新鮮，甚至有幫助。因為雪上覆蓋了一層厚厚的冰，走來走去也不會留下足跡。」

即使得知奈特所言確實不假，北湖居民多半依舊堅持己見。他們相信奈特使了某些詭異的騙術，相信的人都掉入了他的陷阱。他們非但拒絕接受他的說詞，而且態度嚴正，反應激烈。比起東西被偷，有些人更氣的反而是竟然有人相信他的話。奈特的事蹟完全超出他們的理解範圍，就好像他聲稱自己揮舞手臂就會飛起來一樣。他的故事既真實又不可思議，兩件事加起來讓人不安。

當地人之所以困惑不安，是因為奈特的壯舉違反了一切理所當然的認知，跟他們所學的完全相反。聖經〈創世記〉第二章，亞當的獨居狀態是上帝第一件反對的事。上帝說：「那人獨居不好。」

獨居的虔誠基督教徒後來幾乎從歷史上絕跡（一七〇〇年代以後就徹底消失），原因是這些人讓教會感到害怕。隱士是不受監督的思想家，不斷思索生死與上帝的問題，而教會強調固定作息和死記硬背，對隱士的許多思想都無法認同。十三世紀的義大利修士托馬斯．阿奎那（Thomas Aquinas）說，隱士可能破壞順從和穩定，最好把這些人放在修道院裡，受教規和規律生活的約束。

逝於一九六八年的美國特拉普教派修士托瑪斯．默頓（Thomas Merton）寫道：「獨居者想做什麼就做什麼，除此之外無所事事。這也是這個職業既危險又受人鄙夷的原因。」

我請北湖小木屋的屋主（後來還有其他人）估計他們獨處最久的時間。我指的是沒見到人，沒有手機、電子信件或簡訊等溝通形式的獨處，只跟自己作伴，跟所有人切斷聯繫，但可以看書、聽廣播或看電視。

十個人中有九個人思考片刻之後發現，他們從來沒有一天在獨處中度過，清醒時的獨處時間通常不會超過幾小時。家父今年已經七十三歲，從來沒有嘗試過獨處半天的滋味。我曾經獨自踏上三天的荒野之旅，但途中遇到兩名登山客還聊了天，所以我的紀錄大概是四十八小時。我認識的傑出探險家少數有一個禮拜的獨處經驗。遇到獨處一個月的人就很難得了。

克里斯・奈特獨居長達二十七年，簡直是異數中的異數。他的壯舉遠遠超越一般人的身體或心理極限，因而顛覆了我們對可能／不可能的認知。但事實就是：這二十七年來，奈特每年冬天都在營地裡度過，而他在寒冬裡所做的事既平凡無奇又不同凡響。

他吃盡了苦頭。瓦斯跟食物都見底時，他常常「冷到受不了」。那種感覺往往可用「腦袋麻木」來形容，但他的意識一直很清楚。他稱之為「身體、心理、情緒的痛」。體內脂肪開始流失，腸胃嗚嗚呻吟，死亡步步逼近。儘管如此，他還是不願意生火或離開營地、留下腳印。

情況糟到一定程度之後，他會密切注意廣播的氣象報告，等待暴風雪來臨。除了少數整年都有人住的小木屋（奈特從不對它們下手），這一帶到了冬天多半沒什麼人。奈特知道哪幾棟避暑小木屋可能還有存糧。他會拿出僅剩的一點力氣穿過林地，橫越冰凍湖泊，摸進其中一間小屋行竊，並在雪開始飄落時返回營地，讓雪片抹去他的足印。

他無法一直維持心情平靜，不為所動。有時候，一件小事會鑽進他內心深處，攪動他的情緒。有一天他正在聽廣播時，暴風雪在四周盤旋，學校關閉的消息從廣播傳來，還提到他以前就讀的高中。雖然只是一語帶過，回憶卻突然湧上心頭，愁緒緊緊掐住他的胸口。他怎麼會走到這個地步？

他偶爾也會想念家人。「我想更精確的答案是，我想念某些家人到某種程度。」他坦承。有很長一段時間，他腦中沒有家人的存在，但回憶一被勾起，家人又會在他腦中活過來。他最想念的人是他妹妹蘇珊娜。家裡就她跟奈特的年齡最相近，只比他小一歲，而且是唐氏症寶寶。「我小時候最常跟她作伴。」他說。

他承認自己有時會流淚，但沒有進一步說明細節。結束隱居生活的念頭偶爾會浮上心頭，尤其是最初十年。他甚至做好了準備：在帳篷裡備好哨子，要是身體虛弱到無法動彈，他知道只要連吹三聲哨子，尖銳的哨聲就會傳過湖面，最終或許有人會趕來救他。

然而過一陣子之後，他打定主意不用哨子。他下定決心無論如何都不會主動離開這片森林。文明世界只距離他三分鐘，但除了去行竊之外，他從未踏進那個世界。「我已經做好死在森林裡的準備。」他說。

21

歌詠孤獨的詩歌何其多，但詛咒它的更多。十八世紀的英國詩人亞歷山大・波普（Alexander Pope）盼望：「讓我隱世而居，無人聞問。」孤獨帶來狂喜，也導致痛苦，差別似乎主要在於孤獨的狀態是出於自願，還是非自願。強迫隔離是人類最古老的懲處之一。古羅馬帝國常以放逐作為一種刑罰，詩人奧維德（Ovid）在西元八年被逐出羅馬，原因可能是詩作中出現不雅用詞。好幾世紀以來，把人放逐到無人島都是船上嚴懲水手的方式。犯錯的水手會被丟到無人居住的小島，有時帶著一本聖經和一瓶蘭姆酒，這些人多半從此音訊杳然。即使在今日，耶和華見證人（Jehovah's Witness）的信徒若是違反教規，懲戒方式就是不准其他信徒跟他說話。

在美國，最嚴厲的非致命刑罰就是隔離監禁。因謀殺罪入獄、在路易斯安那州監獄隔離監禁多年的羅伯・史塔克（Robert Stark）說：「那是專屬你一個人的地獄。」一九八三年，湯瑪斯．席維斯坦（Thomas Silverstein）因殺害一名獄卒而入獄，此後被單獨監禁在鋼筋水泥囚室裡（除了監獄暴動的一個禮拜），期間從未獲得善待。他覺得那就好比「被活埋，一輩子被活埋」。

陶德．亞什科（Todd Ashker）在沒有窗戶、高度警戒的牢房裡，隔離監禁了約二十五年。他形容那就像「持續不斷的無聲吶喊」。約翰．卡坦札里（John Catanzarite）在加州監獄裡，隔離監禁了將近十四年。他說他很慶幸自己漸漸失去理智，因為這樣或許能讓他擺脫恐怖的現實。

隔離監禁十天之後，很多犯人會出現心智受損的明顯跡象。一份研究指出，約有三分之一的囚犯最後會罹患容易惡化的精神疾病。這類囚犯在美國至少有八萬名。目前聯合國認定，隔離監禁犯人超過十五天是殘酷且非人道的懲罰方式。

越戰期間，約翰．馬侃（John McCain）曾被俘虜超過五年，其中兩年被單獨監禁。後來他當上美國參議員。他寫道：「跟人隔離很可怕。」「那會摧殘你的靈魂。」他又說：「絕望會立刻降臨。」維吉尼亞大學的一份研究發現，絕大多數男性和百分之二十五的女性寧可接受輕微電擊，也不願意靜坐十五分鐘、什麼事都不做。該研究發起人的結論是：「除非受過靜坐冥想的訓練，人的心智不喜歡獨處」。一九八五年，泰瑞．安德森（Terry

Anderson）在黎巴嫩被綁架，六年多來多數時間被單獨監禁。他說：「我寧可有爛人陪在旁邊，也不想要完全沒伴。」

很多演化生物學家認為，早期的人類不比其他動物高大、敏捷，之所以還能發展進化，主要是因為具有優越的合作能力。人類的腦袋自然會想與他人產生連結。核磁共振造影顯示，讓人感覺到身體痛苦的神經迴路，在我們面臨社交痛苦時（例如被團體排擠或體育課沒人跟你一組）也會啟動。

從一九五〇年代開始，威斯康辛大學心理學教授哈里．哈洛（Harry Harlow）展開一連串實驗。他發現把三個月大的獼猴與其他獼猴隔離，可能對其行為造成一輩子的負面影響。此外，前南斯拉夫戰俘的腦部掃描也顯示，長期缺乏人際互動的大腦，可能跟受到重擊的大腦一樣有所損傷。約翰．馬侃被俘時斷了兩隻手和一條腿，後來又得到慢性痢疾，但他在字裡行間透露，孤獨比這些都要痛苦。

人類與生俱來及後天發展的社交能力，或許也是最初使我們的腦容量變大的原因。社會神經科學家卡喬波指出：「接收和理解人際互動的線索，對任何人在任何時候來說，都是一種需要動用複雜認知的吃力活動。」理解變化不定的敵友關係；放棄自己的立即利益，為團體福祉而行動；拿捏勸服、慫恿和誘騙等技巧，都可能使人類的大腦皮質增加，進而凌駕其他動物。

另外，演化過程也使得合群避孤的基因脫穎而出，因此我們有伴時會覺得安全而愉快，孤單時卻覺得恐懼不安。非自願的孤獨狀態讓人難受，有害程度不下於高血壓、肥胖和抽菸，都會導致疾病或早死。「人類成員需要聯繫才能得到快樂。」卡喬波寫道：「我們的大腦和身體原本就是與人合作才能運作，而非獨自一人。」

聯繫和合作讓人類超越極限；這些特質也延伸到最古老的生命形態。很多動物重視團隊合作和共同利益，所以我們會看到蜂房、雁群、牛群、魚群、鵝群、獸群、鳥群、雞窩、畜群。（也有孤狼、獨居猩猩，甚至獨行黃蜂，但這些是動物王國裡的少數例外。）沙門氏菌集體行動，分泌信號分子，幫助它們決定攻擊宿主的適當時機。人類嬰兒才十個月大，就跟其他人產生聯繫。奈特和他古往今來的同好都是令人費解的異類。

自從被捕、展開牢獄生活之後，奈特就渴望單獨監禁。「我有一個希望，一個期盼，一個美夢，但願能住單人牢房。」他在其中一封信上說：「想到其他人把這當作懲罰，實在好笑。」但不是哈哈大笑，奈特只會默默地笑，在心裡偷笑。他擔心如果有人看見他在牢裡被自己腦中的想法逗得呵呵笑，他們就能進一步證明他腦袋不正常。

在牢中的頭幾個月，奈特有位牢友，兩人很少交談。後來，他終於轉到單人牢房，才鬆了一口氣。

孤獨既能成就大業，也可能危害身心。很少狀況會產生這麼兩極化的結果，雖然天才和瘋狂往往共用同一道圍牆。有時候，即使是自願隔離也會讓人誤入歧途，落到圍牆的另一邊。

一九八八年，洞窟探險家費羅麗・勒岡（Véronique Le Guen）自願參與一個極端的實驗：獨自住進南法的一個地下洞窟一百一十一天，裡頭沒有時鐘，讓科學家研究人體自然節奏在缺乏時間座標下的反應。有一陣子，她維持清醒三十小時、睡著二十小時的生活節奏。她形容自己「心理徹底失調，再也不知道自己的價值何在，人生目標為何」。

後來她的丈夫說，勒岡重返社會後，心裡似乎有什麼地方空掉了，但她自己也說不清楚。「獨自在洞穴裡時，我就是我自己的叢林。」她說：「你就是你最嚴酷的叢林，絕對不能說謊，不然全都沒了。我從洞窟裡帶回來最深刻的感想就是：我這輩子絕不再容忍謊言。」一年多後，她吞下大量安眠藥躺在車上，在巴黎自殺身亡，得年三十三歲。據說事發前兩天，她才在廣播節目上表示：「伴隨這個實驗而來的風險就是精神失常。」

第一屆單人帆船環球航行金球賽在一九六八年舉辦。法國的伯納・穆提希亞（Bernard Moitessier）在拿下冠軍之際，發現自己熱愛獨自行船的生活，重返喧囂的人類社會令他卻步。於是他在航行七個月後放棄比賽，繼續航行，幾乎又繞了世界一圈，拿下他認為比任何比賽都更有意義的個人勝利。「我很自由，比任何時候都要自由。」他如此寫道。

另一位參賽者就不同了。來自英國的唐納．克勞赫斯特（Donald Crowhurst）航行途中日感孤獨抑鬱，後來開始發送假造的進度報告，最後他躲進船艙寫了一篇幻覺連篇的長文，然後跳船投海自殺，屍體從未尋獲。他寫下的最後幾行字是：「結束了。結束了。解脫了。」

同樣的孤獨，同樣的茫茫大海，讓穆提希亞深深著迷，卻把克勞赫斯特逼向瘋狂。奈特似乎兩者皆有，擁有兩位航海家的些許特質，一個暗面、一個亮面，一邊是冬天的陰，一邊是夏天的陽。照他的說法是「痛苦和快樂」。他相信兩者一樣重要，缺一不可。羅伯．庫爾（Robert Kull）曾於二〇〇一年在巴塔哥尼亞的小島獨居一年，他寫道：「痛苦是生活中刻骨銘心的一部分，如果我們極力要逃避痛苦，最後會變成在逃避生活本身。」《道德經》則說：「禍兮福之所倚。」

杜斯妥也夫斯基在《地下室手記》寫道：「人有時會深深地、不可自拔地愛上痛苦。痛苦是意識的唯一來源。」

哈佛心理學教授姬兒．胡利認為，奈特的行為呈現分裂型人格障礙的特點，而痛苦即是奈特為了隱居山林而必須付出的代價。除了要忍受飢寒交迫的生活、闖空門時的提心吊膽之外，還有罪惡感的折磨。整個冬天，他都活在死亡邊緣。「這個代價高到不可思議，」胡利說：「但他顯然甘願承受。」無論再怎麼痛苦，都好過另一個選項：重返社會。因此，胡利的結論是：奈特在心理層面上，必定從離群索居的生活中獲益良多。

奈特說，他在林中最寶貴也最強烈的經驗，很多都跟最恐怖的經驗分不開。冬天萬物凋零，林中沒有沙沙作響的樹葉，沒有一絲絲微風，也沒有蟲鳴鳥叫，整個封鎖在嚴寒的寂靜中。這就是他渴望的世界。

「森林最讓我想念的，」奈特說：「是介於寂靜和孤獨之間的狀態。我最想念的是平靜。」為了這樣的純粹狀態，為了等到森林冰封、動物隱匿的時刻，他必須把自己推到死亡邊緣。

唯有聽到山雀（緬因州州鳥）的叫聲時，他才知道冬天很快就會鬆手，「盡頭就在眼前」。他說那是一種突破重圍的感覺。他把從樹林中齊聲傳來的啁啾鳥聲視為一種慶賀。山雀的黑頂在光禿禿的枝椏上擺動，嘁達嘁達地叫，幾個月來的無聲折磨接近尾聲，劫後餘生的聲音傳來。這時候，他身上如果還有一些脂肪，他會很自豪，但大多時候都沒有。「經過慘烈的冬天，」奈特說：「我腦袋裡只剩下一件事，那就是：我還活著。」

22

積雪融化，花朵綻放，昆蟲嗡嗡飛，野鹿開始繁殖。幾分鐘或幾年過去了。「我失去了時間感。」奈特說：「年歲對我沒有意義。我用季節變化和月亮圓缺來測量時間；月亮是分針，季節是時針。」雷電劈落，鴨子低飛，松鼠成群，雪花片片。

奈特說他無法確切形容這麼長時間獨處是什麼感覺。寂靜不能翻譯成話語。他也擔心如果他試著翻譯會顯得很蠢，「甚至更糟，像是在故弄玄虛，一副要幫人開悟得道的樣子。」特拉普教派修士托瑪斯・默頓相信，任何關於孤寂的形容，「都不會比在松樹間穿梭的風敘述得更好。」

奈特說，他在林中的體驗難以用語言形容，但他願意放下對故弄玄虛的恐懼，試著描述看看。「感覺很複雜。」他說：「孤獨讓某些可貴的東西增加，這點我無法否認。孤寂讓我的感知力增強。但弔詭的是，當我把變強的感知力用在自己身上時，卻失去了自我認同。因為周圍沒有觀眾、沒有表演的對象，也就沒有必要定義自己。我變成一個沒有座標的人。」

奈特說，他跟森林之間的界線彷彿瓦解了。他看似孤立，其實融入了周圍環境。「我的欲念消失了。我沒有任何渴望，甚至沒有名字。用浪漫的話語來說，我完全自由了。」

幾乎所有深入描寫過孤獨狀態的人，都對同樣的狀態做過不同的詮釋。獨自一人時，你對時間和界線的認知變得模糊。詩人里爾克（Rainer Maria Rilke）說：「所有距離、所有衡量標準，在孤獨狀態下都會改變。」這樣的感受許多人都描寫過，包括早期基督教的苦行者、佛教僧侶、超驗主義者、薩滿巫師、俄羅斯東正教長老、日本聖人、獨行探險家、美國原住民，以及完成「靈境追尋」（譯註：北美原住民的傳統儀式，青少年在成年之際單獨前往聖地與神靈交流，尋找生命的方向）歸來的因紐特人。

愛默生在〈論自然〉（Nature）一文中寫道：「我變成了透明之眼，我什麼也不是，我看見所有。」詩人拜倫稱之為「無窮盡的感覺」；傑克．凱魯亞克在《孤獨天使》（*Desolation Angels*）中認為那是「一個無窮盡的心靈」。在撒哈拉沙漠住了十五年的法國天主教神父嘉祿．富高（Charles de Foucauld）說，人在孤獨中「徹底淨空靈魂的小屋」。默頓則說：「真正的獨居者不尋找自我，而是失去自我。」

奈特在森林裡經歷到的，就是失去自我。人對外界永遠戴著一副面具，一個對世界展現的自我。即使你一個人照鏡子時也仍在表演，這就是奈特從不在營地放鏡子的原因。他放掉了所有的矯飾虛偽，變成誰都不是，也變成誰都是。

戀戀不捨的過去和無限嚮往的未來似乎都消失了。大多數時候，奈特只存在於永恆的當下。他不在乎別人能不能理解他在森林裡做的事，他不是為了讓人理解才這麼做，也不想向誰證明什麼。沒有什麼要證明的。「你就只是在那裡。」奈特說：「**如此而已**。」

丹津・葩默（Tenzin Palmo）本名戴安・派瑞（Diane Perry），出生於倫敦郊區，是第二位成為藏傳佛教比丘尼的西方女性。直到今日，閉關仍是佛教推崇的一種修行方式，現今的達賴喇嘛說過閉關是「靈修的最高形式」。葩默深受孤獨的生活吸引。一九七六年、她三十三歲，便到北印度喜馬拉雅山上的偏遠山洞隱居。她一天只吃一餐（偶爾會有人送補給品給她），在高山上度過寒冬，多半時間都用來靜坐。有一次，長達七天的暴風雪堵住隱居的洞口，差點害她窒息。

葩默在洞穴隱修十二年，從未躺下來過，連睡覺都坐在一個小小的木製靜坐箱裡。她說孤獨是「世界上最簡單的事」。她沒有半刻希望自己身在別處。她相信自己克服了對死亡的所有恐懼，所以徹底自由了。「覺悟愈多，你就愈覺悟到沒什麼要覺悟的。」她說：

「非到達什麼地方、非得到什麼東西，這些想法只是我們根本的錯覺。」

英國博物學家理察·傑佛瑞斯（Richard Jefferies），短短一生多半都在英格蘭的林間踽踽獨行。他一八八七年死於肺結核，年僅三十八歲。他的一些想法跟奈特不謀而合。傑佛瑞斯在自傳《心靈故事》（*The Story of My Heart*）中寫道，社會推崇的生活充滿辛苦的工作、忙不完的瑣事、一成不變的習慣，這種生活只會「築起囚禁心靈的高牆」。他認為，我們把一生浪費在無止境的小圈圈裡打轉，所有人「像被拴在地面鐵柱上的馬」。傑佛瑞斯相信最富有的人就是工作最少的人。「無所事事，」他寫道：「是天大好事。」

傑佛瑞斯跟奈特一樣，心中那股對孤獨的渴望大到無法抵擋。他寫道：「我的心需要遠離其他事物，獨自生活。」他說孤獨時思索的事物，能讓他「爬得比神還高，探得比祈禱還深」；沒有什麼比得上獨自站在天空下，「頭頂空空迎著陽光，跟泥土和空氣同在，與宇宙的浩瀚力量同在。」

但與世隔絕也有危險的一面。對那些非自願隔離的人來說，例如囚犯或人質，失去社會創造的身分認同或許是一種可怕的經驗，甚至會讓人一頭栽進瘋狂的泥淖。心理學家稱之為「存在的不安」，即失去自我的定位。愛德華·艾比（Edward Abbey）在《沙漠隱士》（*Desert Solitaire*）中，寫下他在猶他州拱門國家公園擔任六個月管理員的經歷。他說長時間獨自生活，徹底融入自然世界裡，「意味著失去人類所有一切的風險。」害怕孤獨的人，只會感覺到寂寞和與世隔絕的痛苦，不會感受到時而振奮人心、時而擾亂人心的孤獨之美。

「我從不覺得寂寞。」奈特說。與其說他適應了沒有其他人在旁邊，不如說他適應了自己的完整存在。有意識的思考有時會被撫平神經的內在低嗡聲取代。「一旦嘗到孤獨的滋味，你就不會緊抓住孤單不放。」他說：「如果你喜歡孤獨，就不會覺得孤單。有道理嗎？還是聽起來又像我在故弄玄虛？」

為了從實證層面去理解孤獨，紐約大學一位認知神經科學家把二十多名佛教僧人送進核磁共振造影機中，記錄他們打坐時血液流向腦部的情形。也有其他神經科學家做了類似的研究。儘管目前尚未得出定論，但從初步結果看來，當人腦處於自主選擇、但非睡眠的寂靜狀態時，大腦還是一樣活躍，不會因此放慢速度，產生變化的是大腦運作的**區域**。

語言和聽覺由大腦皮質管轄，也就是像包裝紙一樣，包住大腦最外層兩毫米、層層皺褶的灰色物質。當我們靜下來、腦袋放空、甚至閱讀時，大腦皮質通常呈現休息狀態。然而，更深層也更古老的大腦結構似乎動了起來，那就是下皮質區。生活過得忙碌又吵鬧的人，很少能進入這個區域。看來寂靜並非吵鬧的相反，而是一個完全不同的世界，讓人獲得「更深一層」的思考，得以探索根本的自我。

低頭垂肩，坐在監獄會客室的椅凳上，訴說著這些內在旅程時，奈特似乎開始自我觀照。他雖然討厭一副開示講道的模樣，但我很好奇他願不願意分享更多獨處的收穫。幾千年來，世人總是喜歡向隱士請益求教，渴望從生活方式與自己迥異的人身上得到建言。喬伊斯在《一個年輕畫家的肖像》（*A Portrait of the Artist as a Young Man*）中寫道，孤獨之人得以汲取「狂野豪放的生活之泉」。

然而，隱士給的答案通常難以捉摸。結束十二年的洞穴閉關修行後，葩默被人問到感想時只說：「呃，不會無聊。」愛默生寫道：「想最多的人，說得最少。」《道德經》說：「知者不言，言者不知。」在《銀河便車指南》（*Hitchhiker's Guide to the Galaxy*）中，道格拉斯．亞當斯（Douglas Adams）筆下的超級電腦「深思」，經過七百五十萬年的計算，終於解開生命、宇宙和萬物的奧祕，答案是：42。

現在輪到我問了。我問奈特，他在荒野裡有沒有什麼深刻的領悟或偉大的發現？我問得很認真。深奧的真理，至少那些能夠解釋看似毫無道理的人生的真理，總是跟我擦肩而過。奈特做的事跟梭羅很類似，或許正因如此，奈特才那麼鄙視他。梭羅在《湖濱散記》裡說，他把自身存在簡化到只剩下基本元素，這樣才能「活得深刻，吸取生命的所有精華」。

我想，或許奈特可以談談生命的精華。

他靜靜坐在位子上，看不出來是在思考還是生氣，或是兩者都有。但最後他想到了答案。那感覺就像某個偉大的神祕主義者準備向我揭曉生命的真義。

「睡眠要充足。」他說。

他下巴一轉，表示不願再多說。這就是他的體悟。我把它當作真理收下。

23

無論是否意識到時間的流動，奈特還是逃不過自然的法則。他年紀漸長，求生技能達到顛峰，手腳愈練愈快，但就像逐漸走下坡的運動員，他的身體終究日漸衰老。有一陣子，他回程可以一次搬兩桶瓦斯，後來只能搬一桶。

他一直擔心自己的視力。年輕時他就視力不佳，所以特別小心保護眼鏡。「我知道要是弄破眼鏡就完了。」他說：「後來變得全身上下都不敢大意。」接著，他板著臉（他偏愛的說笑方式）補上一句：「我可沒有專人到府的服務。」

儘管如此，一臂之遙以外的世界還是漸漸失焦。他的眼鏡最後仍是不管用了，林中的一切多少變得一片模糊。每次行竊看見眼鏡，他都會試戴看看，但從未找到度數適合他的眼鏡。一直以來，他用耳多過用眼，所以視力變模糊之後也影響不大，畢竟他就在自己的地盤上。「你在家需要戴眼鏡才能走來走去嗎？不需要。我也是。」

歷史上的隱士多半沒有「變老」的過程，尤其是非宗教隱士。他們等到上了年紀，累積一定的經驗和智慧之後才退隱。奈特在二十歲那年出走，從此不曾再得到任何指引，也從未向年長者求取建議。他是自己小小王國的國王兼守衛，也認為世上其他人沒有可以教他或令他讚嘆的事。他的決定完全取決於自己。

他犧牲了大學、事業、結婚生子、朋友、假期、汽車、性生活、電影、手機和電腦。有生以來，他從沒寄過電子信，甚或看過網路。他的個人里程碑都是些生活小事。從某個時刻開始，他從喝茶改成喝咖啡。後來他覺得古典音樂比搖滾樂更能穩定心神。跟他作伴的蘑菇愈長愈大。他偷來的掌上型遊樂器愈來愈小、愈來愈精巧。即使視力模糊，在林中築巢的每一對白頭鷹生了小鳥，他都知道。他喝的酒愈來愈多。

他摔倒過兩次，兩次都很嚴重，但從來沒有摔斷骨頭。有一次他在冰上滑倒，左手臂受到重擊，一個月不能拿杯子，但最嚴重的也僅止於此。在戶外生活難免會在手上和手腕上留下淤傷，但隨著年紀愈大，不像以前好得那麼快。他也時常牙痛。

疑問在他腦中盤旋。他懷疑攝取的糖分會不會害他得了糖尿病。他也想到罹癌或心臟病發作的可能性，但他沒想過要看醫生。他相信生死有命。

行竊對他來說愈來愈具挑戰性，因為小木屋屋主換了新鎖並安裝了保全系統，而且比他短短職場生涯中接觸過的系統複雜許多。監視器也變得更普及、更難解除。

雖然每次行動都謹慎到偏執的程度，也堅決不闖入有人的屋子，但「平均法則」（譯註：一種思考上的謬誤，以爲數據上可能，實際上就會發生。如擲銅板兩次都是正面，就以爲下一次會是反面）漸漸影響他，讓他心生動搖。最後他開始出現他所謂的「反常行為」。也或許是有了數百次的成功經驗，讓他變得有點大意或太過自信。

二〇一二年夏季某個週間夜晚，凱爾．麥道格（Kyle McDougle）決定獨自待在自家小屋裡過夜；他們家在北湖置產已有好幾代。麥道格當時二十歲，從小聽隱士的傳說長大，他爺爺尤其喜歡說隱士的故事給他聽。他在一家光纖公司上班，開著公司的大貨車四處跑，但因為當地道路太窄，他只好把載著裝備的貨車停在一段距離外。麥道格說，這大概是他唯一一次沒把車停在小屋的車道上。他爬上小木屋的閣樓，鑽進睡袋睡覺。

「我醒過來，聽見樓梯上有人，還看到手電筒的光。」麥道格回憶道。他大聲打個招呼，對方沒反應，他馬上知道半夜跑進屋裡的不是他們家的人。「我手邊沒有手電筒、刀或槍，又困在樓上，第一直覺就是把他嚇跑。所以我大喊：『滾出去！』還扯開喉嚨罵了一連串髒話。」闖入者一聽到馬上後退，甚至摔下樓梯。「我聽到砰砰砰砰的聲音。」麥道格說。後來，對方就從小屋逃了出去。

麥道格沒看見闖入者，但他發現有扇窗戶的紗窗被拆下來，倚在牆上。「我真的嚇到了，馬上打電話報警，但警察能做的事不多。」

這次事件讓奈特感覺很糟。「想到我把一個人嚇成那樣子，我就難受。」他說：「這件事讓我很困擾。」

奈特年紀愈長，北湖居民也逐漸增加，每年都會增建或擴建幾棟小木屋，家庭愈來愈多，森林裡的人也是。奈特對不尋常的聲音很警覺。他常聽到登山客的聲音，但離他的營地都不是太近。他在林間走動時，少數時候會感覺周圍有人，但他都有足夠的時間逃開，偷偷躲起來。

只有一次例外。一九九〇年代的某一天，他走在鮮少有人的一條小徑上（當時他還沒有只在晚上走動，而且完全不走小徑），轉了個彎，眼前毫無預警地冒出一個人。奈特說不出那名登山客長什麼樣子，他跟對方沒有眼神接觸，盡量裝出一臉淡然，但心裡其實很慌。雙方都沒有停下腳步。奈特說了聲「嗨」，對方也回了聲「嗨」，然後分道揚鑣。

這是他二十多年來第一次遇到人。後來某個寒冬，奈特窩在帳篷裡時，聽到森林傳來一群人用手杖在雪地裡跋涉的聲音。腳步聲愈來愈大也愈來愈近，樹枝像鞭炮一樣劈劈啪啪地斷裂。奈特的不安隨之升高，最後他決定出去評估狀況。雖然他不想被看到，但也不能讓人發現他的營地。

他靜悄悄走了十幾步就看到了他們。對方共有三人，父子加祖父三代同行，在冷冽的空氣下喘著大氣；他們在冰上釣了一天的魚，正開開心心穿過森林準備回家。奈特說他趕緊低頭閃避，但太遲了。他們看見了他。根據奈特的說法，其中一人對他喊：「嘿！」

奈特直起腰桿。他頭戴黑色毛帽，身穿藍色外套，裡面是連帽運動衫，鬍子剛刮過。三人之中的父親羅傑．貝勒文斯（Roger Bellavance）高舉雙手，一手抓著雙筒望遠鏡，證明他手上沒槍。奈特把原本插在口袋裡的手伸出來，表明他也沒帶武器。「我試圖用雙手表達我沒有惡意，不會傷害人。我沒有走過去。」奈特堅持自己沒說半句話，說他跟對方只有「非語言的溝通」，但貝勒文斯一家記得他喃喃說了幾句話。

祖父湯尼（Tony）馬上意識到他們遇上傳說中的北湖隱士。他知道這個傳說，也知道小木屋遭竊的事。他相信隱士是名退役軍人，但親眼看到隱士本人，對於該怎麼應對，他的立場突然變得很堅定。

「我父親說我們應該放過他。」羅傑．貝勒文斯回憶：「還說他沒傷害任何人，他躲在這裡是有原因的，他不想跟人打交道。我爸是法國後裔，心胸寬大，他覺得不該打擾那個人，應該讓他過自己的生活。」父子兩人都不想違逆祖父的意思，因此照做。

三人都親口答應不會洩漏隱士的行蹤。「我們還發了誓。」祖父說：「發誓我們不會告訴任何人。」

隱士點點頭。他的手還沒收回去，打開掌心，彷彿準備接住沙灘球的樣子，接著他彎下腰，對三個人鞠躬。「我不知道我為什麼鞠躬，」奈特說：「應該是想表達感謝吧。」整個過程，前後不過兩分鐘。

三人守住了承諾，但羅傑還是告訴了妻子，只是妻子不確定他說的是真是假。當場也沒人拍照或攝影。羅傑說，後來有好幾次，他忍住跑回森林找隱士、與他談話的衝動，他選擇尊重隱士的隱私。直到隱士被捕，他們三人都沒對外透露這件事。羅傑心想，他或許可以幫助警方找到營地，於是把這件事告訴汎思警官。汎思覺得很不可思議。

奈特則說他沒和任何人提及此事，因為他以為他們的約定仍然算數。根據他的理解，這個約定就連當事人都會保守祕密。但有一次我去探監時（八個禮拜以來的第七次），我告訴奈特，貝勒文斯家已經說出這件事。事到如今，奈特覺得這個約定被打破了。

「那麼其他約定呢？」我問：「還有別人發現你嗎？」

「沒有了，我沒有再遇到其他人。」奈特向我保證。大家已經找了他很多年，要是有人發現他的行蹤，哪怕只是一點風聲也會馬上傳出去。

「你願意跟我約定不會隱瞞任何事嗎？」

「可以。」

撞見貝勒文斯父子這一類的事，應該就是奈特備有緊急藏身處的原因。他原本可以在對方發現他之前撤離，或在事發後立刻撤營逃走。

他說他曾經認真考慮過撤離，但當時雪積得太深。「移動的話，一定會留下腳印，存糧又太少，只好姑且相信他們是好人。」此外，奈特也坦承，想到要重新開始他覺得很累，換作是年輕的時候，他八成早就走了。這時候他才發現，「自己的生活範圍愈來愈小了。」

這件事過後兩個月，積雪漸退，山雀開始歌唱，營中存糧幾乎見底，奈特於是在深夜行竊。他撬開松樹營地餐廳的後門，往背包塞滿食物。踏出門的那一刻，突然有道亮光照得他睜不開眼睛，同時有人大吼叫他趴下。

24

貝勒文斯一家不認為奈特應該入獄。「如果我有一百萬，」祖父湯尼・貝勒文斯說：「我會買下一百或兩百畝的土地，在中間劃一塊地給他，並在四周豎立告示，讓他照自己想要的方式過活。」他今年已經七十好幾，在當地有一棟房子，但奈特從未入內行竊。

松樹營地負責人哈維・切斯里雖是截至目前為止損失最大的受害者，但也深表同感。「我總覺得要是我當場逮到他，大概會放他走。」切斯里說：「不過就是些冷凍千層麵和豆子罐頭，不是什麼驚天動地的事。他是不得已才偷東西，我尊敬他的為人。」

奈特占據的那片營地的地主麗莎・費茲傑羅（Lisa Fitzgerald）說，陌生人在她的土地上住了數十年「不是什麼值得生氣的事」。她說就算發現他，大概也不會報警，甚至不會趕他走。

相信奈特沒有說謊的當地人多半反應溫和。他們說奈特的壯舉激發了大家的想像力。

在北湖度過一個寧靜的週末，你會忍不住做起辭掉工作、從此住下來的美夢。每個人每隔一段時間都會夢想拋下汲汲營營的生活，但終究還是得坐上車，開車回家。

但奈特留了下來。沒錯，他為了維持自己的生活方式一再觸法，但他從未使用暴力，身上也沒有武器，他甚至不想看見任何人。他是極端內向，但並非心狠手辣的罪犯。他追隨著非比尋常的召喚，比大多數人更勇於忠於自我。他很明顯毫無融入世界、成為社會一分子的渴望。

有幾位居民願意提供土地讓奈特居住。也有人建議不如發起募款，用這筆錢讓他一次購足幾年的日常用品，這樣他就無須靠偷竊度日了。這些人認為當局應該立刻把他從監獄放出來，重新回到森林裡。畢竟他從沒傷害過人。

身體上沒有，心理上則又另當別論。有些當地人難以諒解奈特的所作所為。他偷的或許只是小東西，卻剝奪了住戶的心靈平靜和安全感。有些人說他們很怕睡在小木屋裡，這份恐懼延續了數十年。

「我有種一而再再而三被侵犯的感覺。」黛比・貝克（Debbie Baker）說。她跟丈夫在北湖置產已經超過二十年。「我數不清他闖進了幾次。」她的兩個兒子小時候都很怕隱士出現，還因此做噩夢。他們家安裝了感應燈和防盜鎖，甚至曾經請一名警官徹夜站崗，但是都沒效。「我痛恨這個人對我們做的事。」貝克說。

瑪莎·派特森（Martha Patterson）的小屋也頻繁遭竊。她說奈特偷走一些她母親留給她的銀器和兩條她珍藏的手縫拼被，但真正的傷害不只這些。派特森來這裡就是想要逃離日常生活的壓力，奈特卻剝奪了這個可能。「我不能打開窗戶，甚至連走去坐在湖濱都要提心吊膽。」她說：「他把我的天堂一點一點搜括殆盡。」

「如果有人需要食物，」家裡遭竊數十次的瑪麗·辛克利（Mary Hinkley）說：「我會給他們食物，只要開口就行了。但我們是被入侵，徹底被入侵。我一直很怕他會在我孫子到小木屋過夜的時候闖進來。我鄙視這個人。有這種感覺我很慚愧，但事實就是如此。這輩子我從來沒有這麼怨恨過一個人。」

很多人說，奈特若真想隱居森林就該選擇公有地，靠打獵和捕魚填飽肚子。再說，誰知道他有沒有武器，會不會有危險？光是單次侵入住宅行竊就可能被處十年徒刑。奈特不過是個好吃懶做的無賴、犯下千起竊案的小偷，應該被關進州立監獄，終生監禁也不為過。

最後決定該對奈特求處何種刑責的人是地方檢察官梅根·馬洛尼。馬洛尼從小在緬因州長大，生長在藍領家庭，住在國宅裡。高中時，她曾代表畢業生上台致詞，後來拿到哈佛法學院獎學金。她聽說了大眾對奈特的正反意見——馬上放了他或將他終生監禁，兩種輿論也在她心中交戰。「從很多層面來看，」馬洛尼說：「法律並未將這麼特殊的案子納入考量。」

奈特本人並沒有要尋求大眾的同情。「沒有理由可以為我的罪行開脫。」他說：「我不希望大家因為欣賞我的某些行為，就為我做的其他壞事找理由。要就好的壞的全部接收，在這個基礎上做出判斷。不要挑三揀四，不要替我找藉口。」

「**每個人**都會為自己找藉口。」休斯警官說。他親眼看見奈特在松樹營地的餐廳認罪。「犯人會一再否認，警察跟犯人過招都是在處理這種事。這世界就是這樣，我也習慣了。」

休斯說，像奈特這樣老老實實直接招認的人，他還是第一次遇到。奈特一概認罪，毫不猶豫坦承自己犯下上千起竊案。他知道自己錯了，覺得羞愧又懊悔，但對自己的罪行全不隱瞞。「我心裡很想討厭這個人。」休斯說：「我是海軍陸戰隊出身，是個標準的老頑固。這傢伙偷的是給殘障人士參加的營地，可是我卻沒辦法討厭他。在執法單位服務一輩子也遇不到他這種人。」

奈特的義務辯護律師是華特．麥基（Walter McKee），在緬因州以清廉、專業聞名。「毫無疑問，這是件很奇特的案子。」麥基既是丈夫也是父親，但每天凌晨三點十五分就到辦公室。他還會拉小提琴家、登山、開私人飛機。公司網站如此形容他：「麥基先生不用睡覺。」他同意放棄奈特案的快速審理權，這樣才有充裕的時間找出最好的解決方式。

奈特的是非對錯也在現代隱士社群（確實有這個東西！）引起討論。Hermitary 網站上有個隱士版，是專門為「隱士、獨居者、隱居者、遁世者、內向者而設的論壇」。要在版上發表文章，必須先由筆名為「孟湖」的站長審核你是否符合隱士的資格。目前網站會員超過一千人，但是掛在網上的人很少超過兩、三個（或許不令人意外）。

站內會員普遍認為奈特沒有資格被視為隱士，反而是對隱士的侮辱。站長孟湖發表了一篇討論奈特這類隱士的文章。「為了存活而行竊的隱士，強化了『隱士像寄生蟲』這種最糟糕的刻板印象。」孟湖指出：「歷史上的隱士，尤其是追求精神境界的隱士，絲毫未有侵犯他人財產的動機，山林隱士也一樣，無論是身體、心靈、時間、空間或物質的財產。」孟湖又說，其他隱士之所以同聲譴責偷竊這種行為，原因在於這證明一個人缺乏自制力和同理心，對社會造成危害，以上種種都跟隱士的理想相悖。

無論奈特是不是經得起檢驗的隱士，他都付不出保釋金，只能繼續關在肯納貝克郡立監獄。坐牢才幾天，他就因為感冒病倒了；後來免疫系統戰勝了病菌，就沒再生病。他得到了一副新眼鏡，橢圓形鏡片配銀色金屬框；這是他三十年來第一次換眼鏡。

他體重掉了一些，變得跟在森林裡度過寒冬時一樣憔悴。他開玩笑說，現在食物免費送到他面前，他反而吃不下。其實是牢獄生活讓他神經衰弱、食欲不振。副警長李爾登說奈特是名模範囚犯。他的鬍子（他的日曆和偽裝）愈長愈亂，也愈來愈癢，但他還是不願意剃掉。

奈特以為父母在他隱居森森期間都已過世，但被捕後不久，汎思警官調查過他的背景資料後告訴他，他母親依然健在，今年已經八十好幾。奈特懇求汎思別通知他母親或其他家人，她答應了。即使在獄中，他還是希望保持低調。

被捕後六天，汎思告訴奈特消息已經走漏。他母親很快就會從媒體得知他被捕的事情，奈特這才答應讓汎思通知他母親。

汎思打電話給奈特太太。「我直接說出實情，」汎思說：「沒兜圈子。我想她很震驚，她很可能以為他已經死了。後來聽到他犯法進了監獄，她的震驚轉為憤怒。我還記得她說：『這把年紀，教我情何以堪？』」

喬爾和提摩西來監獄探監，是克里斯唯一接受的一次。克里斯當初丟棄的那輛車，車貸保人就是他哥哥喬爾。根據奈特家的友人凱利．維格說，後來喬爾付清貸款，沒有提告。「喬爾認為那樣做太不顧兄弟之情。」維格說。

克里斯不讓他母親探監。他說母親見到他會抬不起頭來，傷心欲絕。「看看我，身上穿著囚衣，怎麼能讓她看到我這個樣子。我是小偷，正在坐牢，身上背了那麼多條罪名。我媽養我不是要讓我變成這個樣子。監獄不是她該來的地方。」

奈特說，出於同樣理由，他隱居森林期間從不打電話回家。「因為這樣的我，隱居、偷竊，違背了我們家的信念。我會害他們丟臉。我沒辦法告訴他們。」於是，他選擇讓家人活在無止境的猜疑和心痛之中。這是令人疑惑的選擇。

他決定出獄後再跟母親碰面，這樣他們才可以「面對面正常地說話」。但監禁六個月之後，那一天感覺愈來愈遙遙無期。他身上起了蕁麻疹，手有時會不由自主地顫抖。要是能知道自己還得關多久，或許能減輕一些壓力，但他也理解判決為什麼會拖那麼久。「我無法歸類。」他說：「看來這年頭的隱士不太多。」於是他只好躲回自己的世界，緊抓著脆弱不堪的理智，等待自己的命運到來。

25

監獄的一扇側門打開，三名身穿防彈背心的武裝警察走出來，還有一名手銬在身前的囚犯，臉上的鬍子像一叢雜草。其中一名警察走在奈特前面，另外兩名各抓住他一邊的手肘，帶他穿過法院街，往豎立著花崗岩石柱的肯納貝克郡法院走去。橘色和紅色葉子在秋日微風下翩翩飄落，電視攝影機對準奈特的臉，但他的表情還是一樣木然，眼神投向前方某個看不見的點。

樓上的法庭有深色的木板裝飾，鋪著紅棕色地毯，角落有個巨大的砌磚壁爐，牆上金框油畫中的老法官嚴肅地盯著底下的人，給人一般陰森之感。一八六五年林肯遇刺後，曾在這裡辦過追思紀念會。

後方的長木椅嘎吱作響，上面坐著前來旁聽的人，媒體攝影席也滿了，大家都在等奈特出現。一箱箱檔案被搬出來。幫奈特辯護的麥基律師穿著深色西裝；檢察官馬洛尼身著紅色外套。奈特的哥哥喬爾（跟他一樣有薄薄的嘴唇和直挺的鼻子）跟兒女坐在一起，兩人看上去二十來歲。這將是他們出生以來第一次見到自己的叔叔。男孩的腿抖個不停，我無意中聽到喬爾說：「是緊張的關係。這很正常。」

奈特被帶到被告席，手銬解開。法庭安靜下來。一名法院人員說：「全體起立。」法官南西．米爾斯（Nancy Mills）像變魔術一樣，穿過一道紅色門簾走出來。她順順黑袍坐下，把一副眼鏡低低架在鼻子上就開庭，提醒沒有觀察月亮圓缺、季節變化的習慣或用鬍子記日子的人，這一天是二〇一三年十月二十八日星期一，距離奈特被捕已將近七個月。

當局想出一個解套方式。奈特將承認十三起侵入住宅竊盜案（他犯下的多數竊案因為過了六年追訴權而無法起訴，很多則是從未報案），之後他會從監獄轉到雙重障礙及退伍軍人感化院。

這是個以輔導和管制取代監禁的懲治方案，主要是針對有上癮和精神問題（雙重障礙）的罪犯而設。以奈特的例子來說，他的問題是酗酒和亞斯伯格症（或是憂鬱症、人格障礙）。這些標籤或許並不準確，但是連地方檢察官也認為長期監禁對奈特太過殘忍，改以這個方案來處理，也是合法解決此案的一個方法。

奈特站起來，雙手交扣在背後，馬洛尼念出他的罪狀。要不是程序本身很嚴肅，聽起來可能滿爆笑的。

「二〇〇八年七月十四日或前後，」馬洛尼慢慢念出來：「亞德蒙．艾胥里（Edmund Ashley）先生因位在緬因州羅馬鎮的營地遭竊報警，失竊物品有電池、食物、汽水，以及大約十八美金。」

米爾斯法官問奈特是否認罪。

「認罪。」奈特說，聲音幾乎聽不見。

「一名夏季住戶的廚房窗戶被撬開。」馬洛尼接著念：「失竊物品有食物、一條三十八腰的男性牛仔褲和一條皮帶，還有約四十美金。」

「認罪。」

這樣又來回進行了十一次。「你認罪是因為犯下這些案件，沒有其他理由？」十三條都問完之後，米爾斯法官向他確認。

「是。」

「你理解我們現在在做的事嗎？」

「理解。」

「我很高興奈特先生主動認罪。」米爾斯說。接著，她再次檢視奈特的各項判決。奈特總共要服刑七個月（他還剩下一個禮拜），出獄之後必須尋求心理諮商，每天必須和案件管理人通電話，每週一早上十一點必須到法院報到，好讓米爾斯法官檢視他的進展。這些規定會維持至少一年，期間他若違反規定，最高可處七年徒刑，屆時就得移送郡立監獄。

此外，他還得繳交兩千美元的罰款，該款項將用來賠償受害者。出獄後，他將搬回家跟母親同住，也必須找到工作或繼續求學，並從事社區服務。他不得與受害者聯繫，不得離開緬因州，也禁止喝酒或藏酒。當局會不定期對他進行藥物和酒精檢測。

「很明顯，」法官接著說：「你不能再做任何違法的事。你明白嗎，奈特先生？」

「明白。」

「你還有任何問題或什麼話想說嗎？」

「沒有。」他說。庭訊到此結束。

幾個小時後，我到獄中最後一次探望奈特。那是我們兩個月來進行的第九次一小時會面；期間我一共來了緬因州四趟。獄中雖有電話，但他堅決不打電話，即使我們見面時也透過話筒說話。他三十年沒打電話了，甚至隱居山林前，他就不喜歡打電話。

「這裡的人很熱心地跟我說：『奈特先生，現代人都改用手機了，你會愛上手機的。』他們想用這種方法吸引我重返社會。大家都說你會愛上這個或那個。我對那些東西沒有渴望。簡訊又是什麼？不就是把電話當作電報機嗎？我們在走回頭路。」聽說現在歌曲能分享和下載時，他也一樣無動於衷。「你們用電腦，用要價幾千美金的機器來聽收音機？這社會的改變還真怪。」他說他還是聽黑膠唱片就好。

出獄之日愈來愈近，奈特似乎比過去更不安，不停伸手去抓膝蓋。他發現監獄或許不是太糟，這裡至少有固定的作息和一定的秩序，他可以把自己切換到求生模式，從嚴謹自律的層面來看，跟他在嚴冬森林裡練就的本事不無相似之處。「這裡周圍的人雖然不討人喜歡，」他說：「但起碼他們沒把我丟進社會的大池子裡，期待我學會游泳。」

如今他成了公眾人物，這件事讓他害怕。困擾他的不是找工作或重學開車這些大事，而是像眼神接觸、肢體動作、情緒表達這類小事，這些都有可能解讀錯誤。「我的情緒很敏感。我知道自己需要治療。」

他覺得未來充滿風險，吉凶未卜，擔心自己不小心犯錯又得重回監獄。這種懲罰就像斷頭台，變成他心中的陰影。「我還沒做好重返社會的準備。我不瞭解你們的世界，只瞭解我的世界，還有躲進森林之前對這世界的印象。現在的生活是什麼樣子？怎麼做才算恰當？我的生存技能之中有部分是空白的，我得摸索出生存的方法。」

他把這一連串發生的事稱為他的「雙重寒冬」，無論字面上或象徵意義上都是。他在冬日將近時被捕，出獄時另一個冬天正要開始。「這是沒有夏天的一年，就像喀拉喀托火山（Krakatoa，譯註：印尼的一座活火山，一八八三年火山爆發造成數萬人死亡）爆發造成的冰凍夏天。」

家人要他搬回家住，回到阿爾比翁鎮占地六十畝的老家，住進兒時的房間。「他們不認同我做的事，但我仍然是家裡的一分子。我很感激。」出獄之後，他會搬回家跟母親和妹妹一起住，哥哥丹尼爾就住隔壁。即使過了幾十年，老家在他腦袋裡仍然記憶鮮明。他在報紙上看見一張他家的照片，馬上發現房子油漆的顏色跟以前不太一樣。

他在獄中得知現今社會的變化，不但不覺得讚嘆，也很確定自己很難融入這樣的社會。一切改變都快速無比，一刻不停歇。「聲音太大，顏色太多，缺乏美感。粗糙，空洞，瑣碎。無謂的理想和目標。」

他承認自己沒有資格批評這個社會。他說出獄之後他凡事會小心翼翼，他會奉公守法，不惹麻煩。「就算我的判斷值得懷疑，我也不要別人懷疑我。」

他知道自己的求職機會很渺茫。「賺錢是嗎？我得重新找回對金錢的渴望。我打算找份工作，但我的履歷有點單薄。」奈特對找到工作的期望不高，也知道不會太順利。多半是洗碗或搬貨這類工作。

其實還在獄中就有人提供他打工實習的機會。當地一家有機農場的女主人跟地方檢察官辦公室聯絡，表示想跟奈特介紹他們採用的栽種方式。這座農場是用馬和牛犁田，並且在路邊擺攤販售自製的派餅、果醬和日曬番茄拌麵醬料，冬天還有雪橇讓小孩玩。女主人說這座農場療癒了她的家人，她認為對奈特也會有同樣的效果。獄方准許她到牢裡向奈特當面說明。

奈特說，見面時他盡可能表現禮貌和合作的態度。「我談到務農，務農我是懂的。我還談了嬉皮體驗、回歸土地、擁抱自然這些話題。我想我讓她誤以為我想在田裡工作。」

根據奈特的說法，農場的左鄰右舍聽到他要住進來都很緊張，女主人只好收回提議。奈特很慶幸這件事最後不了了之。「躲在森林的陰影下那麼多年，要我在太陽下彎腰種田，怎麼可能。」

我跟奈特說我可以幫他找些工作機會，比方保全或圖書館員這類安靜的工作，他卻猛搖頭。「拜託別管我了。」他說。我不幫他才是幫他。幫助就是建立一種關係，過不久我會想跟他變成朋友，而他並不想成為我的朋友。「我完全不會想念你。」他又說。

奈特很擅長分辨季節變化和風的氣味，眼中卻看不見其他人。我跟他稍微提過我的家人和我平常的消遣，但他連假裝感興趣都沒有。他不知道要拿這些訊息做什麼，也不知道要問什麼問題。他對人只有表面的理解，只限於他們儲藏的食物或牆上的裝飾。他唯一真正的關係只存在他跟森林之間。

奈特眼中的自己既是平凡的罪犯，也是尼采筆下的「超人」（Übermensch）——不受任何規則束縛，憑著過人的自制力，得以從枯燥乏味的生活中解脫。他把自己的故事告訴我，不求任何回報，但他坦承他很好奇我會呈現什麼樣子的他。「我擔心自己的形象被人利用。」他說：「我不特別信任你，但也不是不信任你。我會不斷衡量一個人。在我眼中，你身上有些世故的地方。你有能力作惡，也有能力行善。就做你覺得對的事吧。」

真要說來，奈特只對我的一件事感到好奇：我的書架上有哪些書？他要我錄一段影片寄給他，說他會想辦法弄懂新科技運作的方式。他說寄影片就好，書信就免了，更不要跑去他家。「我離開這裡之後，你就不在我的舞會卡上了。這種關係我承擔不起，我不奉陪了。『舞會卡』你懂嗎？還是我應該換新一點的說法？你看過《小婦人》嗎？」（譯註：舊時出席舞會時，女性會在舞會卡寫下想要共舞的對象，《小婦人》中多次出現此橋段，後來延伸爲婉拒他人的一種說法。）

奈特面對我的積極主動、前來找他談過這麼多次，覺得很反感。「你認真起來沒完沒了，想阻止你也沒辦法。」他說他很後悔回信給我，但說完又趕緊踩煞車，怕自己太不友善。這些面談確實幫助他「釋放壓力」，但談論自己讓他愈來愈厭煩。

多數時候，他只希望我慢下來，任由時間流逝。「不要纏著我。」他說：「紫丁香盛開的時候，我就會跟你說話。但也許那時候還不行。」我問他紫丁香盛開時是不是表示明年，他說：「對，明年春天。我還沒開始用年來計算時間。」

奈特再也無法遁入荒野，不然可能得再坐七年牢，因此他希望隱遁在人世之中。一名獄警進來探監室把他帶走，我謝謝他這些日子以來跟我說話、分享他的看法。謝謝他那些如詩一般的話語。我告訴他，我欣賞他想事情的方式。「再見了，克里斯。」我說：「祝你好運。」

奈特還有時間表達他最後的感想，但他沒有。沒有揮手，沒有點頭。他站起來，轉頭背對我，直接走出隔間，踏進監獄的走廊。

26

克里斯的大哥丹尼爾給了他一份工作。丹尼爾從事廢金屬回收的生意，他把老舊的汽車和拖拉機引擎搬到家裡的工具間，讓克里斯拆解。克里斯用勞力交換食宿，不領薪水，但這樣他就可以單獨工作，無須跟人互動就能完成工作的要求。

每週一，家人會開車載他去奧古斯塔向法院報到。他從未缺席，也從不遲到，所有規定他都嚴格遵守。「他表現得非常好。」檢察官馬洛尼說：「他很賣力工作，努力摸索重返社會的途徑，完全沒有故態復萌的跡象。我常在禮拜一看到他，也會跟他打招呼。每次我們都會小聊一下。他似乎對現狀很滿意。」奈特甚至以無黨派的身分登記投票。

阿爾比翁歷史學會的會長菲爾・道（Phil Dow）跟奈特家已經相識五十年。有一天，喬伊絲・奈特打電話給他，問他有沒有能讓克里斯當市區服務的工作。「我跟她說他來我很高興。」菲爾・道說。

所以每週有一天，他會開車到奈特家，載他到火車站。會長興奮地說，阿爾比翁鎮火車站是世界僅存的少數窄軌火車站。軌道只有兩呎寬，不到標準大小的一半，適於險惡的地形，成本也較低。從一八〇〇年代晚期開始，緬因州中部的乘客和貨物都由這條鐵道運送，直到一九三三年六月十五日一輛火車轉彎時導致外側軌道破裂，車廂翻覆並摔下希斯克河才停用。目前，阿爾比翁歷史學會正在重建這棟雪松搭造的兩層樓車站。

奈特自願來當油漆工。「他話不多。」菲爾．道說：「我大概也沒讓他有機會說太多話，因為我自己話很多。不過他看起來滿開心的。」

奈特還在牢裡時，有個名叫愛麗絲．麥唐諾（Alice Macdonald）的女人寄給他一封信。她跟奈特讀同一所高中，比他大兩屆，但她還記得奈特，希望帶他一起讀聖經。奈特不想讀聖經，但麥唐諾引起了他的興趣。她無意打聽他的私事，似乎也沒有其他不良居心。她從他遁入森林之前就認識他，又是女性。兩人在獄中見過幾次面；除了我之外，她是奈特唯一的固定訪客，而且持續跟她見面至今。

我們最後一次在獄中見面時，我開玩笑地說：「所以你有女朋友了。」語氣盡量委婉。

「沒有，我沒有跟人搞曖昧，如果你想到的是那種齷齪下流的事。」奈特回我。我小心翼翼的玩笑還是刺傷了他。他跟麥唐諾見面時也隔著一道窗，毫無身體接觸。他確實說過他比較喜歡跟女性說話。「她是個好人，給了我溫暖。有天，她情緒激動之下對我說：『我希望可以抱抱你。』我完全無法想像她的身體碰觸到我的感覺。」

奈特的「雙重冬天」仍未結束。我拍了一部家中藏書的影片，共十六分鐘，總算完成他給我的功課。我把磁片寄給他，但沒收到任何回音，甚至不確定片子有沒有寄到他手中。每次到森林裡健行或是其他時候，我都會想，不知道他現在過得怎麼樣了。「法院可以規定他接受哪些管束。」休斯警官說：「他也可能表現良好，但或許某個禮拜一或禮拜二早上他出門後，又會躲回森林裡。」我一直做好聽聞他消失不見的心理準備，但是一直沒傳來這種消息。

我打電話給丹尼爾．奈特詢問克里斯的狀況。丹尼爾接起電話，我向他自我介紹，他說「不，謝謝」就掛斷了。克里斯的另一個哥哥強納森住在阿拉斯加的費爾班克斯，他二話不說就掛上電話。提摩西則從沒接過電話。

喬爾．奈特在緬因州沿岸的觀光小鎮貝爾法斯特經營一家修車廠。我沒有事先聯絡克里斯就前往緬因州，直接開車到喬爾的修車廠找他。這家修車廠有四間車庫，生意繁忙，但我一眼就認出喬爾。他穿著黑色T恤，在一部休旅車後方鑽進鑽出，一下拿電鑽，一下拿扳手，在汽車裡的狹小空間裡移動自如。奈特家的人似乎天生手腳利落。

左岸書店（鎮上的獨立書店）的老闆說：「喬爾是天才，幸虧有他，我的車子才得救。」她還說，鎮上每個人當然都知道喬爾他弟弟的事。「我不敢開口問他克里斯的事。」她坦承：「我跟他沒那麼熟。」但她跟我說，鎮上的人都在傳，克里斯的母親在兒子失蹤後，仍幫他過了很多年的生日，還準備蛋糕，不過這很可能純屬虛構。

我走上前向喬爾自我介紹，從他的表情看來（沒有發怒、但很堅定），這段對話不會持續太久。他的手黑麻麻的，我們沒握手。不過，喬爾倒是證實了一件事：家裡從來沒人知道克里斯在哪裡，據他所知，也沒人幫助過克里斯，沒人見過他。以為他在說謊的人都錯了。不過，聽他的語氣就知道，他一樣無法理解克里斯做的事。

「你們什麼時候開始認為克里斯已經死了？」

「這是私事。」

「他回家之後情形如何？」

「這是私事。」喬爾鑽回車裡，對話結束。

我也前去克里斯的「女朋友」愛麗絲．麥唐諾的家探訪。她開門時拋下一句「我不能跟你說話」，就關上了門。

我打電話給奈特的母親，說我想跟她聊聊克里斯的事，她說「我瞭解」就掛上電話。

歷史學會會長菲爾．道說，喬伊絲跟他說克里斯能回家很好。據說他恢復了食欲，開始大吃特吃。「她喜歡看他吃東西。」菲爾．道說。

唯獨有件事引起了一些回應。我寄了一張問候卡給克里斯，並附上三個孩子的照片。兩週後，我收到一封回信，上面是巍巍顫顫的熟悉筆跡，黑字寫在白色的索引卡上。「這樣的美滿幸福很難不讓人感到滿足。」這是他對卡片的評論。他親暱地稱我的小孩「小牛仔」，還說「幹得好」。「冬至的問候？還是表達感謝？都行。」跟往常一樣沒有署名，但能收到回音已經令我覺得很溫暖。看來出獄似乎讓他變得柔軟一些。

這封短信是我收到的唯一回音。在獄中道別之後過了七個月，我又回到緬因州。從機場開往奈特家途中，我在丁香苗圃停下來，買了一大束紫丁香，那是我要遞給他的橄欖枝。接著，我又到菲爾德鎮的烘焙坊買了一個蘋果派，準備送給奈特太太。

沿途經過鋸木場、古董店、民宿和地上型泳池。兩隻野生火雞趾高氣揚地沿著路肩走。某戶人家的車道盡頭擺了一張摺疊桌，桌上放著農場生產的雞蛋，但沒人在顧攤，只放了一個收費盒。緬因州中部還是採信任制。

阿爾比翁鎮的主街道開車四十秒就逛完了，沿途有郵局、圖書館、加油站、教堂和雜貨店。雜貨店有個手寫的告示板，列出修理柴油引擎、瑜伽課、鏟雪和狩獵嚮導這幾項服務。街上沒有紅綠燈。小鎮兩端都是白色或淺棕色的木造屋，就位在馬路邊。出了小鎮又變回鄉村的景致，有一家酪農場、一家幫人宰鹿的店，還有一片迷你公墓，某些墓碑有將近兩百年的歷史。

奈特家的房子大半隱藏在樹籬和樹叢形成的圍牆後面。從馬路上看過去，只看得見二樓的窗戶，上面裝了鮮豔的藍色百葉窗，像兩隻長方形的眼睛從綠葉裡探出來。黑色郵筒上印著「喬伊絲・奈特」，旁邊有兩個報紙箱，一個是《波特蘭新聞先驅報》，一個是《晨間哨兵報》。一棵巨大的紅楓在前院傲然挺立。

我把租來的車停在短短的黃土車道上，前面是跟房屋分開的車庫。屋頂上有風向標，還有印著「薛爾頓・奈特」幾個浮雕字的金屬牌。院子裡一片安靜。沒看到其他車輛。看來沒人在家。我在車上坐了一會兒，不知該如何是好。這棟房子從各方面來看都平凡無奇，卻讓我覺得緊張。不過就是一棟四四方方的木造屋，漆成淡黃色，屋頂有幾片瀝青瓦該換了。我走下車，帶著紫丁香和蘋果派，才往前門走幾步，克里斯・奈特就無聲無息地從灌木叢裡冒出來。

27

他刮了鬍子。亂蓬蓬的落腮鬍不見了，露出光滑圓潤的下巴。上半身的黃棕色法蘭絨格子襯衫紮進褪色的藍色牛仔褲，咖啡色棒球帽上沒繡球隊徽章，還戴著他在監獄拿到的那副雙焦點銀框眼鏡，腳下是一雙老舊的皮革工作靴。

我把一束花朵纍纍的紫丁香拿給他，奈特沉著臉看著它。那就好像拿一杯水給一尾魚。這一刻我才發現奈特家到處開滿了粉紅、紫色和白色的丁香。我放下花束，像個服務生舉起另一隻手，捧著盒裝的蘋果派。「我帶了東西要送給伯母。」我說。

奈特的視線移向盒子。「不用。」他堅定地說。我走回車上，打開駕駛座的門，把花和派放回座位再關上門。

我們兩個人站在那裡，不自然地站開。「我可以跟你握手嗎？」我問。我們從來沒有機會握手，雙方總是隔著一道牆。

「我寧可不要。」奈特回答。所以我們沒握手。

奈特把頭一扭，示意我跟他走。我們繞到屋頂裝有風向標的車庫後方，避開馬路，站在一棵捎來芬芳微風的丁香樹下，樹枝擦過我們的頭頂。下了一個禮拜的雨，草地一片翠綠。蘋果樹上白花盛開，不久就會結滿果實。過去不遠是間破舊傾斜的小木屋，奈特就在那裡做回收廢五金的工作。

周圍好多小蚊子，像會飛的胡椒粒，我不斷揮手趕蚊子，但沒伸手去抓或拍。每次去探監，我在奈特面前都會盡量減少手勢，以免擾亂他的平靜。他的動作永遠是那麼的利落謹慎。周圍的蚊蟲似乎對他毫無影響。

他周圍的人無一例外，都跟我說他適應得很好。他看上去身體健康，氣色也不錯，雖然還是瘦（腰帶有一邊垂了下來），但已經不像之前那麼憔悴。刮掉鬍子讓他顯得更年輕。他去看了牙醫，看得出來拔了一顆牙，其他牙齒乾淨又閃亮。他一開口卻說，他對外表現出的樂觀正面都是假的，只是面具，他心裡其實很痛苦。

「我適應得不太好。」他坦承，跟往常一樣看著我的肩膀後方。他說沒人瞭解他，他說的話常冒犯到別人。「他們誤以為我很自大。我覺得自己好像又回到高中時代。」他為了完全自主放棄了一切，如今將近五十歲的他卻連最簡單的事也不能作主。

奈特說，法官、輔導員和心理治療師跟他說話時，都把他當成小孩。每次他承認自己仍在掙扎，他們就用一堆陳腔濫調安慰他。奈特一股腦背出這些話：「情況會好轉的；往好的方面想；明天太陽依舊升起。」這些話他聽都聽膩了，所以他現在都保持沉默，把話藏在心裡。他不怪誰，還說「每個人都盡力了」，語氣在旁人聽來可能很自大，但照他們的方法做只會讓他覺得更糟糕。某方面來說，監獄還比外頭好。如今他自由了，卻證明他有多麼不自由。

他從牛仔褲的前口袋拿出一只手錶，錶帶已經斷掉。他說他的家人不希望他跟我交談，要是他們知道我在這裡，一定會不高興。我來的時間剛好，但我們的時間不多，他母親很快就會回家。之後，他哥哥得開車載他到奧古斯塔做藥物檢測。他搖搖頭。這輩子他從沒碰過毒品，連一口大麻都沒抽過，現在卻得這樣度過一下午。

「我就像一塊方形的木頭。」他說。他遇到的每個人都在敲他、打他，硬要把他塞進圓形的洞裡。這社會跟他離開之前比起來，似乎沒有更歡迎他加入。他擔心自己可能會被迫服用精神藥物，把腦袋搞得一塌糊塗，即使他早就知道該怎麼修補這一切。

只要逃回他的營地，就什麼問題都沒有了，但他當然不能這麼做。他必須演完整齣乖乖接受法律制裁的大戲。「我是不是瘋了？」他問。他說他收到我寄去的藏書影片了，但最近他連看書都提不起勁。他又問：「我是不是瘋了？」

奈特看著我，甚至跟我視線交會片刻，我看得出他臉上的悲傷。在獄中時，他總是給人緊閉心門的感覺。或許是因為探監室裡綁手綁腳的擺設，如玻璃牆、容易產生靜電的話筒、缺乏隱私的空間。如今，他的臉呈現出一種新的氣象，不再那麼冰冷、拒人於千里之外。他正在對我伸出手，像在跟我求助。

也許跟一個真正的隱士建立關係的最佳方法，就是一陣子不理他。在獄中，他比較像在演說、發表高見，如今我們才是在對話。有種關係成形了。我們不是朋友，但或許算是舊識。跟我訴說沒人瞭解他，或許是在暗示：起碼我對他還有某種程度的瞭解。

我發自內心地對他說，我不認為他瘋了。

接著，他彷彿要挑戰我的結論似的，突然問了我一個看似隨口亂問的問題。「當我提起『林中女士』的時候，你認為我說的是什麼？我指的是象徵層面。」

「大地之母吧。」我猜。

「不是。」他說：「是死亡。」

奈特其實不是隨口亂問。死亡才是他最想談的話題。他說他曾在某個嚴冬看過她。當時他的存糧見底，瓦斯也用完了，天氣冷到不行。他躲在帳篷的被窩裡挨餓受凍，垂死掙扎，林中女士就在這個時候出現了。她穿著連帽毛衣，像女版的死神。她抬起眉毛，掀開連帽，問他要跟她走還是留下來。他說理智上他知道那只是發燒發到神經錯亂而引起的幻覺，但也無法百分之百確定。

他跟我說他有個計畫。等到嚴冬真正到來的那一天，或許在十一月底，離現在還有六、七個月，那一天他要穿很少很少的衣服走進森林。他會走到森林深處，能走多遠就走多遠。接著他會坐下來，把自己交給大自然。他要活活凍死自己。「我要跟林中女士一起走。」他說。這件事一直在他腦中盤桓。他發現自己困在逃不出去的陷阱裡，若為了追求自由而返回森林，最後的下場就是入獄。他渴望能「觸碰、擁抱並尋求解脫」。他做了一些研究，發現失溫是一種沒有痛苦的死法。「那是唯一能讓我自由的方式。」

他站姿僵硬，手插在牛仔褲口袋裡。「勢必要放手。」他說：「不然會很悽慘。」這句話讓他情緒崩潰。他聲音哽咽，所有的冷靜自制瞬間瓦解，露出底下的脆弱人性。我瞥一眼他的臉，發現兩行淚滑下他的臉頰。

我忍不住跟著流下眼淚。春光明媚，兩個大男人卻站在一棵丁香樹下哭泣。奈特終究可以跟另一個人互動，而且還是用最坦率也最脆弱的方式。我想那一刻，是我最能理解奈特為什麼逃離這世界的時刻。他之所以離開，是因為這世界沒有他這種人的容身之地。年少時，他從來不快樂，無論是高中時期、就業或跟其他人在一起都一樣。他經常處在緊張不安中，沒有讓他覺得舒適自在的地方。所以他選擇逃離，不再委屈忍耐。這麼做與其說是反抗，其實更像一種追求。他就像個逃離人類社會的難民，而森林收留了他，給了他庇護。「我這麼做是因為另一個選擇……無法讓我滿足。」奈特說：「我確實找到了一個能讓我滿足的地方。」

我想，大多數人都覺得生活裡少了什麼，我不確定奈特是不是為了尋找那個「什麼」才出走。但生命不是不停地追尋失去的東西，而是學習跟失去的東西和平共處。奈特已經逃離這個世界太久，我總覺得他回不來了。他很聰明，但他的思想只會把他孤零零地困在森林裡。

「是啊，聰明人。」奈特說：「聰明人去尋找幸福了，也找到了幸福。聰明人希望自己當初沒那麼笨，為了尋找幸福而做出犯法的事。」

幾乎每次去探監，奈特都會因為我拋下老婆和小孩來見他、不顧為人父親的責任而責備我幾句。我不禁覺得好笑，他可是一個拋下所有責任的人！但最後證明他說得沒錯。我在奈特身上看到的教訓，只讓我更想回家。

對奈特來說，他的營地是這世界上唯一屬於他的地方。雖然有時得面臨生死存亡的嚴峻考驗，但他終究活了下來，才會一住就二十幾年。

他不想要坐在小木屋裡拆解引擎。他知道有比這個意義更深遠的事，而那種曾經滄海難為水的感覺讓人難以承受。這些我都理解，但我無力改變什麼或解除他的痛苦。我們就站在那裡，眼淚不停地流。他打算返回樹林，回到他真正的家，即使只是去那裡求死。「我想念森林。」他說。

奈特再一次掏出手錶。他說他可能再也不會見到我了。光是像這次這樣談話，違背他家人的意思，對他來說都很冒險。這會是我們最後一次交談。他說他走了以後，我想怎麼說他的故事都行。「你是我的包斯威爾（James Boswell，譯註：十八世紀英國作家，與辭典編纂家約翰生〔Samuel Johnson〕的友誼爲人稱頌，在約翰生死後爲之立傳，《約翰生傳》（*The Life of Samuel Johnson*）也成爲他最知名的作品）。」他說。他已經不在乎別人怎麼寫他。「之後我會跟林中女士作伴，我會很快樂。」他告訴我：「你如果想要，可以把我的頭像印在T恤上，叫你的小孩拿到街角去賣。」

聽到這句話，我破涕為笑。這世界令人困惑，既充滿意義又毫無意義。「很高興見到你。」說完，他就陪我繞過車庫走回停車處，把我一個人丟在那裡。他的母親隨時都會到家。「走吧。」他小聲地說：「快走。」我開車離去。

28

開了一哩遠後，我把車停在路邊。奈特剛剛跟我說他要去尋死，而且已經訂好詳細的計畫。現在我該怎麼辦？幫他保密？通知警察、他的家人，還是社工人員？我有沒有法律上的責任？還是道德上的責任？我慌亂失措地開車回飯店，打電話給兩名心理治療師，尋求意見。

法律層面很清楚明瞭：一個說他六個月後要自殺的人，不至於有迫切的生命危險。即使奈特的時間觀比較接近樹木的生長，他口中的六個月跟我們認知的六個月有所不同。我可以把他帶去警局或醫院，但他們也不能強制扣留他。

道德層面上就比較模糊了。對我來說，奈特的自殺宣言無疑是認真的。在芝加哥附近執業的臨床心理學家凱薩琳・班諾伊斯特（Catherine Benoist）也認為：「他符合不少自殺高危險群的標準。」她還說，奈特對自主的需求只是更增加了這種可能，因為自殺可被視為追求獨立自主的終極表現。克利夫蘭自閉症中心的湯瑪斯．福雷澤也有同感：「他的自殺風險非常非常高。」紐約的臨床心理學家彼得．德利說：「我會擔心他。」

我擔心了一整晚，早上我決定再去他家一趟，當面告訴他我的內心掙扎。我心想，我們會談出個結果的，就像真正的朋友相互傾訴一樣。於是，我開上鄉間道路前往阿爾比翁，先經過奈特的哥哥家，只見車庫門開著，有個男人正在裡頭修理引擎。他戴眼鏡，瘦瘦的，穿牛仔褲，戴棒球帽。是克里斯。我把車開到路邊，車庫裡的男人抬起頭。

不是克里斯，是丹尼爾。我們看見了彼此。我已經把車停在路邊，近到可以跟他交談了，沒下車打聲招呼似乎不太禮貌。我正要打開車門就發現有個人從街上走來，激動地跟我狂揮手。這次是克里斯沒錯。於是我什麼都沒說就手忙腳亂地把車開走，來到裝有風向標的車庫前停下車。

克里斯走過來，示意我拉下車窗。我不理他，直接打開車門走下來。他相當激動，因為目睹我跟丹尼爾的短暫交會，還說我造成了「可怕的傷害」。我看得出來，奈特的表情再度封閉。昨天他很願意敞開心房，現在卻又啪地關上。我跟他解釋，聽完他說林中女士的事，我很擔心。「我只是在探索一個想法。」他忿忿地說，顯然是為了擺脫我才收回昨天的話。

「回蒙大拿去吧。」奈特說：「小牛仔需要他們的爸爸。別管我了。現在就走。」他二話不說就走回房子。這是兩天以來我第二次心慌意亂地開車回旅館。

這次我打了電話給房仲。一個大男人搬回小時候的房間住，怎麼想都不太健康。有棟屋頂塌陷的小木屋要價一萬六千五百美金。我懷疑克里斯會不會接受這樣的禮物，或者他的心理治療師會不會認同這個方法。他還需要整修房子的費用和生活費，但現在他身無分文，所有給他的捐款都撥作賠償基金，而且他身上還負債。

奈特明明白白要我別干涉他的生活，最後我打消了買下小木屋的念頭，坐上飛機回家。我寫信告訴他：「想到你可能跟林中女士一起走，我完全無法接受。」至於他想自殺的事，我沒有告訴他的社工或他周圍的任何人，不過每隔一個月左右我會寫信給他，從春天到夏天再到秋天。所有信件都石沉大海。

十一月到來，也就是他計畫自殺的月份，我再也無法置身事外。我訂了往緬因州的機票，出發前十天，我寄了封短信給他，說我已經在路上。正在紐約轉機時，我太太打電話跟我說，奈特寄來一張明信片。「請你別來打擾我，這件事非常重要。」她在電話中把內容念給我聽：「這樣就是對我的尊重。你若出現，我會報警處理。拜託你別管我了。」最後，我沒去見他就飛回家了。

冬天到來，我仍持續留意奈特的動態。每個我訪談過的北湖居民都說，這兩個夏天以來，少了隱士的騷擾，是他們記憶中最無憂無慮的一段日子。大家又跟往日一樣不再鎖門。一年出刊兩期的《北湖新聞》編輯珠蒂・莫雪淘爾（Jodie Mosher-Towle）說：「事情都解決了。一切都過去了，這裡的人不想再聽到隱士的事，就讓它……隨風而逝吧。」地方檢察官馬洛尼寫電子信告訴我，奈特每個禮拜一都會準時出現，表現相當良好。所以至少我確定他還活著。

冬日將盡時，馬洛尼宣布奈特會在二〇一五年三月二十三日服完勞役，正式從雙重障礙及退伍軍人感化院「畢業」，距離他在松樹營地被捕已經將近兩年。「他在感化院的表現無可挑剔。」米爾斯法官在最後一次聽訊時表示：「他沒有犯過一次錯。他完成了所有的要求事項。」奈特被判緩刑三年，期間不得持有酒精或藥物，也必須繼續接受心理輔導，只附帶少數限制。「奈特先生現在是我們社會的一分子了。」馬洛尼說。

奈特坐在法院的被告席上，仍然身材瘦削，鬍子刮得乾乾淨淨，但是看起來跟以前不太一樣。他在「畢業典禮」上沒說話，但態度舉止看起來比過去柔和，臉上有種從前沒有的放鬆表情。他穿著海軍藍的V領毛衣，底下是白色襯衫，看上去像個幼稚園老師。

奈特寫給我的最初幾封信中，曾用詩句如此形容自己：「防衛，挑釁，好鬥，絕對沒錯。」最後一句不忘押韻，「至少還沒逆來順受，現在還沒有。」從我見到他的那一刻起，直到他告訴我他想尋死的那一天，他都渾身是刺。

但此刻在法庭裡，他卻異常順服。或許他發現，反抗一切只會讓生活變得無比艱難。他見識過這個世界有多荒謬，也跟大多數人一樣選擇容忍這世界。他似乎舉手投降了。這是理所當然的結果，卻還是令人心痛。

聽訊結束後，我再度開車前往北湖。我把車停在路邊，涉過冰雪覆蓋的森林走向他的營地。這是我第八次來到這裡，其中有五次在這裡過夜，春夏秋冬都有。此刻，我感覺到這片營地跟奈特本人一樣，有些旺盛的生命力已不復存在。

緬因州環境保護部最近派了一個六人團隊和一輛越野車來移除剩下的垃圾和瓦斯桶，短短幾小時留下的人類痕跡比奈特二十幾年來留下的還多。

現在這裡只是一片平凡無奇的林中空地。再過一、兩個夏天，大概很難看出曾經有人住在這裡。我坐在一塊巨石上，避開積雪，試圖捕捉幾道從枝幹間灑下的陽光。儘管如此，我還是冷得直發抖。這裡給人一絲孤寂之感。

現代生活的設計，讓我們得以千方百計迴避寂寞，但偶爾跟它面對面或許有其價值。愈把孤獨往外推，我們就愈無法面對它，它也顯得愈加可怕。有些哲學家認為孤獨是唯一真實的感受。我們孑然無依地活在浩瀚時空裡的一顆小石頭上，幾十億、幾百億哩內都沒有一絲生命的跡象，孤獨得超乎所有想像。我們活在自己的腦中，永遠無法完全理解另一個人的經驗。即使身邊圍繞著親朋好友，我們也要孑然一身走向死亡。

「孤獨是人類面臨的處境中最深刻的一個事實。」諾貝爾獎得主墨西哥詩人奧塔維歐．帕茲（Octavio Paz）如是說。而德國詩人里爾克寫道：「最終，而且正是在最深刻、最重要的事情上，你我都是難以言喻的孤獨。」

意外的是，我收到了奈特寄給我的最後一封信。只有短短五行字，像在哀悼這段「友誼」的輓歌。他要我買束花送給太太，買糖果給我家的小牛仔們，「彌補你不在家的時間。」接著，他要我別再去找他了。「現在和以後都是。」

他當然沒有署名，但第一次用色鉛筆畫了一小幅塗鴉。那是一朵花，一朵紅色花瓣、中間黃色、旁邊兩片綠葉的雛菊。小雛菊在信紙底部盛開著。一個不會錯的正面符號。我把它當作他多少已經適應新生活的暗號，當作他不會跟林中女士一起走的表示，即使他永遠無法過他想要的生活。我把它當作一個希望的象徵。

然而有時候，我還是忍不住想，要是休斯警官沒追著這個案子不放，奈特也沒被捕，現在會是什麼樣子？奈特告訴我，他打算在林中過一輩子。他願意死在營地裡，待在他最心滿意足的地方。就算當局沒派人來清理，大自然不用多久就會收回這塊土地，到時這裡會爬滿蕨類和樹根，他的帳篷和肉體，甚至瓦斯桶，最終都會被土壤吞沒。

我相信這就是奈特計畫的終點。他不打算把自己的任何思想、照片或意念留下來。沒有人會知道他經歷過的事。沒有人會寫下關於他的事。他只會無聲無息地從這世界上消失，這個熙熙攘攘的世界完全不會發現。他的消失不會在北湖激起一絲絲漣漪。那會是一段了無遺憾的生命，一個完美無缺的存在。

採訪後記

肯納貝克郡立監獄每週最多可讓人探監兩次，一次一個鐘頭。二〇一三年八月的最後一週，我到監獄見了克里斯多福．奈特兩次（在這之前，他已經回過我五封信），後來九月跟十月初又各去了兩次。十月底，我參加奈特的審訊時又見了他三次。這本書的主要資料來源顯然是奈特本人。

奈特見到我，從來沒有一次露出開心的表情，但這九次會面，我們透過老式話筒從頭說到尾。一個小時後，電話會自動切斷，但第二次見面，奈特就（藉由觀察其他牢友）學會了一個小技巧。要是守衛沒來打開奈特那一邊探監室的門，他會去切一下電話機上的鉤鍵開關，重新接通線路，這樣我們就能再聊幾分鐘。在我的想像中，這個動作就如同奈特開鎖破門一般。

所以，儘管奈特沉默寡言，看到我也毫無喜色，他還是想盡可能跟人說話。出獄之後，我去他家找他那次緊張又短暫的會面，他稱我為他的「包斯威爾」，指的是十八世紀的蘇格蘭作家詹姆斯・包斯威爾，以文學史上最知名的傳記《約翰生傳》聞名於世。《約翰生傳》卷帙浩繁，大多數版本都超過一千頁。我告訴奈特，我的書可能薄很多，他聽到似乎有點失望。「我比較喜歡厚一點的書。」他告訴我。

我在兩年間前往緬因州採訪七次，最後一次在二〇一五年的四月。此外，我也為雜誌寫了一篇關於奈特的文章，後來登在《GQ》雜誌二〇一四年九月號。

刊在《GQ》上的那篇文章，由專業的事實查核員瑞里・布藍頓（Riley Blanton）負責查核事實。後來布藍頓和另一名專業查核員麥克斯・索恩（Max Thorn）一同接下查核本書資料的工作。我在這本書裡沒有更改任何人的名字，也沒有更改身分資料。所有訪問如實照登。

每次去緬因州，我都會花兩天的時間，開車到北湖和小北湖的泥巴路上繞一繞，多半一家接著一家拜訪，就像挨家挨戶兜售的小販。我至少跟四十戶在當地擁有小木屋或永久住家的人家談過話。大多數屋主都是緬因州當地人，其他多半來自波士頓一帶，只有少數家庭來自更遠的地方。無論我拜訪的家庭喜歡或痛恨奈特（有些家庭意見分歧），我都受到了熱情的款待。有些家庭甚至邀請我留下來吃晚餐，在門廊上喝啤酒，還跟他們一起去划獨木舟。每個人似乎都想告訴我他們自己版本的隱士傳說。

普魯（David and Louise Proulx）夫婦的黑白小電視被奈特偷走，二十多年來他們家至少遭竊五十次。兩人談到了這些竊案在心理造成的奇怪效應。一開始，他們以為是自己的小孩偷拿的，後來甚至認真懷疑自己是不是精神錯亂。皮特．克斯威爾（Pete Cogswell）就是三十八腰牛仔褲和皮帶被偷的屋主，他太太莉莉（Lillie）在德州刑事司法體系工作超過三十年，她跟我聊了很久，詳細分析了奈特闖空門令人納悶的地方，以及什麼才是對他最好的懲罰。波魯克夫婦（Donna and T. J. Bolduc）跟我分享他們用狩獵相機拍到的奈特相片，還有那個窈窕淑女雞尾酒的笑話。

蓋瑞．霍藍（Garry Hollands）是最先在門上掛東西送給隱士的居民之一。他談起他被偷的所有書籍，還有他曾經把一條幾乎看不見的釣魚線掛在門上，只要有人打開門，線就會移位，這樣他就知道有沒有人闖入。黛比．貝克談到她的小孩有多怕隱士，給他取「餓叔叔」這個綽號的就是他們家。尼爾．派特森（Neal Patterson）則敘述了他拿著槍守在漆黑小木屋裡，等著抓隱士的那十四個夜晚。

休斯警官花很多時間跟我說明他為何對隱士案著迷。有天傍晚，他開著小貨車載我去看他設的陷阱，之後還帶我到他常去的俱樂部，教我剝下我生平第一隻麝鼠的皮。州警黛安・汎思在奈特的審訊過後跟我見面，也與我通過多次電話。地方檢察官梅根・馬洛尼和奈特的辯護律師華特・麥基都接受了我的訪問。奈特家的人從未跟我談過，但阿爾比翁鎮有幾十位居民接受了我的訪問，包括好幾位奈特以前的老師和同班同學，以及幾位奈特家長年的友人。

每次去緬因州，我都會造訪奈特的營地，只是每次要找到都不容易。賈希森林之濃密糾結，再怎麼形容都不誇張。每次從密林走進奈特的營地，都會讓人驚愕無比。

為了更加瞭解奈特的思維，我跟多位心理學家和自閉症專家透過電話或電子信件討論許久，包括劍橋大學的賽門・拜倫–柯恩（Simon Baron-Cohen）、在芝加哥附近開診所的凱薩琳・班諾伊斯特、在紐約執業的彼得・德利、在聖地牙哥自閉症研究所工作的史蒂芬・艾德爾森、克利夫蘭醫學機構自閉症中心的湯瑪斯・福雷澤、哈佛大學的姬兒・胡利，以及康乃爾大學威爾醫學院的凱薩琳・羅德。奧克拉荷馬醫學研究基金會的會長史蒂芬・普雷斯克（Stephen M. Prescott）與我討論了傳染病的性質，以及奈特從來不生病的可能性。

為了深入理解強制隔離的痛苦，我跟約翰・卡坦札里通過多封信。他是加州監獄的囚犯，單獨監禁了近十四年。此外，我也讀了其他十二名單獨監禁的囚犯留下的紀錄。

隱士文學何其浩瀚，我從一岸開始閱讀，以老子的《道德經》為起點（我推薦赤松的英文譯本），橫越這片汪洋。從歷史淵源和起心動念探討隱士文學的精彩作品有：安東尼・史脫爾（Anthony Storr）的《孤獨》（*Solitude*）、伊莎貝爾・柯爾蓋特（Isabel Colegate）的《荒野中的鵜鶘》（*A Pelican in the Wilderness*）、彼得・法朗士（Peter France）的《隱士：透視孤獨》（*Hermits*），以及菲力普・科克（Philip Koch）的《孤獨》（*Solitude*）。

細膩而珍貴的個人探索孤獨的紀錄則有：莎拉・梅特蘭（Sara Maitland）的《寂靜之書》（*A Book of Silence*）、安娜莉・魯佛斯（Anneli Rufus）的《一人派對》（*Party of One*）、蘇・哈爾朋（Sue Halpern）的《移民孤獨國》（*Migrations to Solitude*）、梅・薩頓（May Sarton）的《獨居日記》（*Journal of a Solitude*）、霍華德・艾瑟羅（Howard Axelrod）的《消失點》（*The Point of Vanishing*）、羅伯・庫爾的《孤獨》（*Solitude*）、安妮・狄勒（Annie Dillard）的《汀克溪的朝聖者》（*Pilgrim at Tinker Creek*）、尚－多明尼克・鮑比（Jean-Dominique Bauby）的《潛水鐘與蝴蝶》（*The Diving Bell and the Butterfly*）、蕾貝卡・宋妮（Rebecca Solnit）的《實地迷路指南》（*A Field Guide to Getting Lost*）、理察・傑佛瑞斯的《心靈故事》、托瑪斯・默頓的《獨處中的沉思》（*Thoughts in Solitude*），以及梭羅無與倫比的《湖濱散記》。

探險故事為孤獨狀態提供了獨到的洞察，無論是美麗或駭人的一面，其中包括伯納・

穆提希亞的《長路》（*The Long Way*）、尼古拉斯・托馬林（Nicholas Tomalin）與朗・霍爾（Ron Hall）的《唐納・克勞赫斯特奇異的末日之旅》（*The Strange Last Voyage of Donald Crowhurst*）、彼得・尼可斯（Peter Nichols）的《狂人之旅》（*A Voyage for Madmen*）、強・克拉庫爾（Jon Krakauer）的《阿拉斯加之死》（*Into the Wild*），以及理察・伯德（Richard E. Byrd）的《獨自一人：南極探險記》（*Alone*）。

科普書幫助我進一步理解孤獨對人的影響。我參考的書有：馬修・里伯曼（Matthew D. Lieberman）的《社群》（*Social*）、約翰・卡喬波及威廉・派崔克（William Patrick）的《孤獨》、蘇珊・坎恩（Susan Cain）的《安靜，就是力量》（*Quiet*）、史提夫・希伯曼（Steve Silberman）的《自閉群像》（*Neurotribes*），以及奧利佛・薩克斯的《火星上的人類學家》（*An Anthropologist on Mars*）。

同樣提供我有關孤獨的精闢見解的書籍還有：維琪・麥肯基（Vicki Mackenzie）的《雪洞》（*Cave in the Snow*）、聖亞他那修的《聖安東尼傳》（*The Life of Saint Anthony*）、里爾克的《致一位年輕詩人的信》（*Letters to a Young Poet*）、愛默生的散文（尤其是〈論自然〉和〈論自立〉〔Self-Reliance〕）、尼采的文章（尤其是〈與孤獨為伍〉〔Man Alone with Himself〕）、華茲華斯（William Wordsworth）的詩，以及寒山、拾得和王梵志的詩。

奈特最愛的兩本書：杜斯妥也夫斯基的《地下室手記》和菲德烈克・德里末（Frederick Drimmer）的《特異之人》，也是我的必讀之書。本書開頭的引文出自蘇格拉底，我引用的版本是楊格（C. D. Yonge）翻譯的《哲人言行錄》（*The Lives and Opinions of Eminent Philosophers*，西元三世紀的第歐根尼・拉爾修〔Diogenes Laërtius〕編著）。

Hermitary 網站上有數百篇探討隱居生活各層面的文章，是個價值非凡的資料庫。我花了好多個禮拜爬文，但因為資格不符，無法加入隱士聊天室。

跟我長期合作的研究員吉安・哈波（Jeanne Harper）找出數百筆古往今來有關隱士和獨居者的文獻紀錄。我對於二次大戰後仍留在太平洋偏遠小島持續作戰數十年的日本兵很感興趣，不過其中似乎沒有人真的獨居數年以上。儘管如此，小野田寬郎的《永不投降》（*No Surrender*）仍是一部令人著迷的紀錄。

此外，我們還找到亞馬遜某個部落最後一名殘存者的相關報導。二〇〇七年，巴西政府多次試圖與他和平溝通都無效，他甚至用箭射中某營救人員的胸部，當局只好畫出一片三十一平方哩大的雨林地供他居住。除了他以外，其他人都禁止進入這塊土地。他靠打獵維生，徹底獨居約二十年。如今，克里斯・奈特重返社會，這位姓氏不詳（他屬於哪個部落或說何種語言也無人知曉）的亞馬遜原住民，或許是現今最遺世獨立的人。

國家圖書館出版品預行編目資料

森林裡的陌生人 : 獨居山林二十七年的最後隱士 / 麥可.芬克爾（Michael Finkel）著 ; 謝佩妏譯. -- 初版. -- 臺北市 : 大塊文化, 2017.08

面； 公分. --（mark ; 133）

譯自 : The stranger in the woods : the extraordinary story of the last true hermit

ISBN 978-986-213-805-2（平裝）

1. 奈特（Knight, Christopher Thomas, 1965-）2. 傳記 3. 報導文學

785.28 106010951

LOCUS

LOCUS

LOCUS

LOCUS